MÉMOIRES
ET LETTRES
DE MADAME
DE MAINTENON.

TOME XV.
Contenant le Tome IXe. des LETTRES.

LETTRES
A MADAME
DE MAINTENON.

TOME NEUVIEME,

CONTENANT

Des Lettres de Piété & de Direction à Elle adressées par M. Godet Desmarais, Evêque de Chartres.

NOUVELLE ÉDITION.

A MAESTRICHT,

Chez JEAN-EDME DUFOUR & PHILIPPE ROUX, Imprimeurs-Libraires, associés.

M. DCC. LXXVIII.

TABLE
DES LETTRES

Contenues dans ce Tome neuvieme.

LETTRES de direction de M. l'Evêque de CHARTRES à Me. de MAINTENON.

PRÉFACE.   page 1
Éloge historique de M. de Chartres.   9
LETTRE I. Sur les mouvemens intérieurs.
     19
II. Sur le détachement du monde.   22
III.   25
IV.   26
V.   27
VI.   30
VII.   31
VIII. Sur l'abattement de l'ame.   34
IX. Sur le renoncement à soi-même.   36
X. Sur les Visites & les Audiences.   37
XI. Sur la Priere.   39
XII. Sur les distractions dans la priere.   44
XIII. Sur les tentations de l'orgueil.   55

XIV. *Conseils particuliers.* 60
XV. *Sur la sensibilité permise aux Chrétiens.* 64
XVI. *Sur la persévérance.* 66
XVII. *Sur les plaisirs de la Cour.* 67
XVIII. *Sur l'amour-propre, &c.* 71
XIX. *Sur les assujettissements.* 81
XX. *Conseils sur le Roi, sur l'Eglise, & sur St. Cyr.* 85
XXI. *Consolations dans les malheurs de l'Etat.* 89
XXII. *Sur la Communion fréquente.* 92
XXIII. *Sur les dévotions particulieres.* 98
XXIV. *Sur les austérités.* 100
XXV. *Utilité des peines d'esprit.* 107
XXVI. *Sur le repos nécessaire au corps.* 109
XXVII. *Sur la tristesse.* 113
XXVIII. 115
XXIX. *Sur un sentiment de la dirigée.* 116
XXX. *Sur ses progrès dans la piété.* 119
XXXI. *Sur sa conduite dans son domestique.* 124
XXXII. *Sur l'amour du bien public.* 127
XXXIII. *Sur la Fête de tous les Saints.* 129
XXXIV. *Sur la confiance en Dieu.* 132
XXXV. *Sur sa conduite avec le Roi.* 134
XXXVI. *Sur la ferveur.* 136
XXXVII. 142
XXXVIII. *Châtiments de Dieu, châtiments d'un pere.* 144

XXXIX. *Paraphrase d'un passage des Cantiques.* 146
XL. *Sur la patience.* 149
XLI. *Sur le Roi.* 151
XLII. *État de l'ame de la dirigée.* 158
XLIII *Sur la politique mondaine.* 162
XLIV. *Sur les Prophéties.* 165
XLV. *Exhortations & Prieres.* 174
XLVI. *Sur l'état particulier de la dirigée.* 180
XLVII. *Sur l'état & les sentiments de la dirigée.* 191
XLVIII. *Sur St. Cyr & sur la Cour.* 195
XLIX. *Sur la douleur.* 199
L. *Sur le nom de Jesus.* 201
LI. *Sur la souffrance.* 204
LII. *Sur les découragements de la dirigée.* 207
LIII. *Sur l'inquiétude dans les affaires.* 214
LIV. *Sur l'utilité des redditions de compte.* 219
LV. *Sur les bienfaits de Dieu.* 223
LVI. 225
LVII. *Sur ses progrès.* 232
LVIII. *Sur la patience.* 234
LIX. *Sur l'orgueil.* 240
LX. *Conseils divers.* 244
LXI. *Sur les motifs de tendre à la perfection, & sur les moyens d'y arriver.* 250
LXII. *Décisions sur St. Cyr.* 259

LXIII. *Sur la maladie de son frere.* 260
LXIV. *Sur la mort de son frere.* 262
LXV. *Sur la présence de Dieu.* 263
LXVI. *Sur sa conduite à l'égard du prochain.* 271
LXVII. *Sur le salut du Roi.* 282
LXVIII. *Exhortation à la confiance.* 284
LXIX. *Conseils généraux.* 286
LXX. *A l'occasion des malheurs de l'Etat.* 290
LXXI. *Sur le choix d'un Directeur.* 296
LXXII. *Sur la Fête de Noël.* 299
LXXIII. *Sur les malheurs de l'État.* 304
LXXIV. 308
LXXV. *Sur divers sujets.* 309
LXXVI. *Sur l'amour désintéressé.* 313
LXXVII. 318
LXXVIII. 324
LXXIX. 326
LXXX. 328
LXXXI. 330
Extrait des redditions de compte de Mad. de Maintenon. 331
Lettre de M. de Mérinville. 336

Fin de la Table.

PRÉFACE.

CES Lettres m'ont paru dignes de voir le jour, & propres à faire connoître un Evêque qui a fait honneur à l'Eglise, & une femme qui a fait honneur à son siecle.

Peu importe au Lecteur de savoir comment elles me sont tombées entre les mains: Qu'il en jouisse, qu'il en profite! c'est tout ce que je demande de lui, & tout ce qu'il aura de moi.

L'Histoire de Me. de Maintenon, que M. de la Beaumelle fait imprimer actuellement en Hollande, sera ou démentie, ou confirmée par ces Lettres; & c'est ce qui m'a engagé à n'en pas différer l'impression.

Elles ennuyeront ces Courtisans, pour qui la vertu est une chimere; ces Sages du siecle, pour qui la dévotion est un ridicule; ces beaux Esprits, qui lisent tout pour tout dédaigner; ces femmes, qui n'aiment que les Livres aussi frivoles qu'elles. Mais ce n'est point pour eux qu'elles ont été écrites, ni pour eux que je les publie.

Je les offre à ces ames pures & innocentes, qui aiment Dieu, ne cherchent que lui, & ne tiennent au monde que par le *desir de le réformer par leur zele, & de l'édifier par leurs vertus.*

Je les offre à ces Esprits supérieurs & simples, que la grace conduit comme par la main, au seul bien digne de nos vœux, & qui savent se rendre présent le plus obscur avenir.

Je les offre à ces hommes, que la charité & non l'ambition charge des consciences, qui sont les modeles de toutes les autres.

Je les offre à ceux qui peuvent soutenir sans étonnement le spectacle de la fille d'un Gentilhomme malheureux, devenue la femme de son Roi : à ceux qui sont plus surpris de voir la vertu approchée du Trône, qu'ils ne le seroient de l'y voir assise.

Quel goût les mondains pourroient-ils prendre à la lecture des Lettres, où tout est saint & grand ? Il leur faut des bagatelles, & ici tout respire la plus sublime perfection.

Si cependant ce Livre pouvoit toucher un seul homme vicieux, & produire une seule bonne action, je me consolerois de toutes les railleries auxquelles je sens que j'expose la vraie piété.

En effet, que dira-t-on de ce chemin semé d'épines, par où M. de Chartres conduisoit Me. de Maintenon ? On dira peut-être que le Directeur & la Dirigée étoient éga-

PRÉFACE.

lement superstitieux, ou que le propre de la dévotion est de rétrécir l'esprit, comme s'il falloit juger de la grandeur évangélique par les maximes de la sagesse humaine ; comme si l'on avoit déja oublié ce Philosophe Chrétien, qui, d'une main, se donnoit la discipline, & de l'autre, foudroyoit les Docteurs de la morale relâchée.

Il y a dans la piété un goût, un attrait dont l'expérience seule peut donner l'idée. Depuis que le monde se joue de tout ce qui le condamne, depuis que l'hypocrite ne trompe presque plus personne, la piété auroit disparu, s'il n'y avoit en elle des plaisirs, qui élevent l'ame au-dessus de tous ceux que les passions donnent ou promettent.

L'amour du bien est le commencement de cette volupté céleste : l'amour du bien pour lui-même en est la perfection. Me. de Maintenon passa par ces deux états. En comparant ses Lettres à l'Abbé Gobelin, à celles de l'Evêque de Chartres, on voit dans les premieres une ame qui va à Dieu par l'espérance, & dans les autres, une ame qui y est arrivée par l'amour.

M. de Chartres avoit exigé de Me. de Maintenon qu'elle écrivît tous les soirs tout ce qu'elle avoit fait, pensé, senti, voulu dans la journée. Elle étoit fidelle à cette pratique : & avant de se coucher, elle mettoit par écrit le journal du Conseil, & celui de sa conscience. Ces deux journaux furent jettés au feu : & Me. de Maintenon fit bien d'autres sacrifices à l'humilité.

Je regrette peu le premier : qu'est ce que l'histoire des actions des hommes, en comparaison de l'histoire de leurs sentiments ? Mais quelle perte, que ces comptes rendus tous les mois par une femme qui étoit à la place des Reines ! Nous y aurions lu plus de vertus que de foiblesses, & appris ce cœur humain qui nous est si peu connu.

M. de Chartres nous en a conservé quelques fragments plus précieux que ses Lettres mêmes. On y verra combien les jugements des hommes sont injustes & incertains : on y verra Me. de Maintenon passer en prieres ces heures qu'on l'accusoit de passer en intrigues.

Me. de Maintenon n'avoit-elle pas assez de lumieres pour se conduire ? Oui, sans doute ; mais elle avoit aussi trop de modestie pour ne pas s'en défier. Elle choisit pour son guide un homme qui lui étoit bien inférieur du côté de l'esprit. Fit-elle ce choix pour avoir la gloire de lui obéir, & le plaisir de le gouverner ? Non : elle sut se soumettre à tout, & se plaignit souvent de n'être pas assez exercée. Du reste, M. de Chartres ne discutoit, n'approfondissoit rien dans

PRÉFACE.

ses Lettres : il écrivoit simplement le résultat de ses réflexions sur le cœur que sa pénitente lui avoit développé ; de sorte que Me. de Maintenon étoit plutôt excitée, que conduite : il ne falloit que du sentiment à une ame si sensible.

M. de Chartres ne passa jamais ses limites : il ne se servit point de son crédit sur l'esprit de sa Dirigée pour se mêler des affaires d'Etat : & le Ministre de Dieu ne traversa jamais ceux du Roi.

Qu'on ne le blâme point de l'avoir fait entrer dans les démêlés de Religion. C'étoit l'opinion de son siecle, c'est encore celle du nôtre, que l'autorité civile a droit de se mêler des différends des Théologiens. Du reste, Me. de Maintenon tenoit sa mission de l'Eglise même : le Bref du Pape, de 1690, l'avoit tirée de cette place modeste qu'une femme doit tenir dans l'Eglise.

Invariable dans ses principes, M. de Chartres paroît par-tout plein de l'esprit de Dieu. On ne voit en lui, ni les raffinements du Quiétiste, ni les chimeres de l'enthousiaste, ni les relâchements de l'Evêque de Cour ; on n'y voit que le Chrétien austere & le Citoyen zélé.

Son style est sans élégance, mais naturel, vif, quoique diffus, & nourri de la lecture de ces Livres sacrés, qu'aujourd'hui quelques Prédicateurs dédaignent presque de citer.

On sera surpris des louanges dont il accable Me. de Maintenon. Elle les lui avoit défendues, & il ne pouvoit s'en abstenir : elle étoit sans cesse flattée par l'homme le moins flatteur : & le Directeur sembloit nourrir son orgueil en lui ordonnant de l'écraser.

D'où viennent donc tant de louanges à une femme qui les craignoit si fort, parce qu'elle les aimoit ? De l'admiration dont M. de de Chartres étoit pénétré pour elle. Il voyoit dans ses redditions de comptes l'ame la plus grande & la plus pure : son imagination s'enflammoit : il vouloit retenir la louange : il ne pouvoit retenir la vérité : il lui préchoit une humilité absolue, & la canonnisoit toute vivante. Aussi ne serois-je pas surpris que l'Histoire qu'on nous promet, parût un panégyrique.

Les ames les plus fortes ont leurs momens de foiblesse : Me. de Maintenon, toujours sainte, mais quelquefois attiédie, ou du moins privée d'une ferveur sensible, faisoit son salut avec crainte & tremblement. Les louanges devenoient utiles dans ces temps de sécheresse, de dégoût : & Me. de Maintenon avoit besoin d'être consolée de tout le bien qu'elle ne faisoit pas, par le souvenir de tout le bien qu'elle avoit fait. Souvent

PRÉFACE.

aussi il falloit l'encourager à des choses difficiles, en lui étalant tous les trésors dont la nature & la grace l'avoient comblée. En un mot, puisqu'un Directeur si peu complaisant la louoit, il n'étoit point dangereux de la louer ; il étoit impossible de ne la louer pas.

Cependant il paroît par ces Lettres mêmes, qu'elle avoit un extrême penchant à l'orgueil. Mais le Prélat qui connoissoit son intérieur, savoit que c'étoit un ennemi vaincu & désarmé, & qu'il ne lui restoit plus que cet amour-propre dont l'homme ne peut se dépouiller, sans se dépouiller de son être, mais que le Chrétien doit toujours combattre. Cette secrete estime d'elle-même étoit un fruit de ses vertus. Si elle avoit eu des foiblesses d'un certain genre à se reprocher, elle eût eu moins de combats à livrer à la vaine gloire : l'humilité lui auroit été aussi naturelle, qu'elle lui étoit dans le fond étrangere ; je dis, dans le fond du cœur ; car tout ce qui pouvoit la manifester au-dehors avoit été réprimé. Elle n'eût eu qu'à se rappeller des chûtes avilissantes, ces sentiments impurs dont le vice même rougit ; ces péchés qui dégradent si fort une femme à ses propres yeux, que, rendue à la vertu & régénérée par la grace, elle doute encore que les plus longues humiliations puissent les expier. Me. de la Valliere & Me. de Maintenon arriverent à la plus haute piété : Me. de la Valliere ne put parvenir à s'estimer elle-même, ni Me. de Maintenon à se mépriser. Conduites par les mêmes principes, pourquoi différoient-elles de sentiments ? Parce qu'elles avoient différé de mœurs.

Comment Me. de Maintenon, si vraie dans tous ses jugements, si sévere pour les autres, si impitoyable pour elle-même, comment eût-elle pu s'estimer, si elle ne se fût apperçue estimable, elle qui, dans un de ses Écrits, peint si bien la honte, l'embarras, le supplice d'une femme sans vertu, quand on parle de vertu devant elle ? La vanité est d'un cœur mécontent de lui même : l'orgueil est d'un cœur satisfait.

M. de Chartres eut le temps d'étudier Me. de Maintenon : il la conduisit depuis 1689, jusqu'en 1709 : il la vit dans tous les états, dans la guerre, dans la prospérité, dans les revers, toujours la même, toujours affamée de bonnes œuvres, toujours dévorée du zele de la Maison de Dieu, toujours prudente, plus occupée encore à sauver le Roi qu'à lui plaire, & toujours allant de vertu en vertu, jusqu'à ce qu'elle les eût toutes acquises.

M. de la Beaumelle nous développera sans doute ce cœur si respectable & si peu connu.

Je m'abstiens donc d'en rapporter quelques traits qui auroient édifié, & qu'il racontera mieux que moi. Mais je ne puis me dispenser de placer ici l'Eloge historique de M. Godet des Marais, Evêque de Chartres.

ÉLOGE HISTORIQUE DE M. DE CHARTRES.

PAUL GODET DES MARAIS naquit au mois de Janvier 1648, à Talcy, Paroisse du diocese de Chartres. Son pere, François des Marais, Chevalier, Seigneur d'Aroisse, Baron d'Hertray en Normandie, fut tué à la bataille de Saint-Antoine, en 1652. Sa mere, Marie de la Marck, Maison illustre, qui avoit déja donné un Evêque (1) à l'Eglise de Chartres, se vit engagée à rentrer dans de nouveaux liens. Ainsi Dieu, pour se l'attacher tout entier, lui ravit de bonne heure les objets entre lesquels son cœur eût pu se partager.

Il fut élevé par Me. de Pienne, (2) sa

---

(1) Erard de la Marck, Cardinal & Evêque de Liege.
(2) Femme de M. de Pienne, Gouverneur de Pignerol, Chevalier des Ordres du Roi.

tante, femme qui joignoit à tous les avantages de la fortune, tous les tréſors de la grace.

A l'âge de quatorze ans, il fut pourvu de l'Abbaye d'Igny, Ordre de Cîteaux, Dioceſe de Rheims, poſſédée avant lui par l'Abbé de la Marck, ſon oncle. Il en refuſa l'adminiſtration à ſes parents. Déja il ſavoit que les biens de l'Egliſe appartiennent aux pauvres, & que les parents l'oublient volontiers.

Dès ce temps, la priere étoit ſa plus chere occupation. Il fuyoit tous les plaiſirs : il ne connoiſſoit les ſpectacles que de nom : il évitoit ſur-tout la compagnie des femmes, jaloux de conſerver dans toute ſa pureté ce corps qu'il avoit offert à Dieu en ſacrifice vivant & ſaint. Il aimoit ſon état, & n'en dédaignoit ni l'habit ni les fonctions. Il en pratiquoit toutes les vertus, dès l'âge où c'eſt beaucoup de les aimer : il étoit tout ce que la grace lui ordonnoit d'être.

Son application à l'étude altéra ſa ſanté. Les Médecins lui conſeillerent de changer d'air. Il alla à Rome. Alexandre VII fut informé de ce mérite naiſſant, & le combla de bénédictions & de louanges. Il parcourut les principales villes d'Italie, reçu par-tout avec diſtinction, aimé de ceux qui le connoiſſoient, recherché de ceux qui ne le connoiſsoient pas, & toujours plus modeste.

De retour à Paris, il reprit ses études avec plus d'application. Il se rendit profond dans la science des Saints. Il en répandit les lumieres dans la Paroisse de St. Severin, où il prêcha avec plus de succès que d'applaudissement. Il craignoit de se faire un nom, & ne cherchoit que la gloire de Dieu.

Du Séminaire des Bons-Enfants, il entra dans celui de St. Sulpice, où il fut attiré par la réputation de M. Tronson qui en étoit Supérieur. Il y connut l'Abbé de Fénelon, qui étudioit les Mystiques, qui l'égarerent, tandis que l'Abbé des Marais étudioit l'Ecriture-sainte, qui n'égare jamais. Il parut en Sorbonne, y fut admiré, & ne le fut pas.

Enrichi de toutes les perfections du Sacerdoce, il en reçut l'auguste caractere. Il célébroit avec frayeur le saint Sacrifice : il semoit avec zele la parole de l'Evangile ; il assistoit les veuves & les orphelins, les malades & les mourants : il instruisoit & nourrissoit les pauvres.

Tant de vertus & de talents engagerent l'Archevêque de Paris à lui confier le soin de plusieurs Maisons Religieuses. Il fut ensuite Supérieur du College des Trente-Trois, où il connut l'Abbé Gobelin qui s'y étoit retiré, & du Collège des Lombards, où il gouverna les Prêtres Irlandois avec tant de zèle, que le Pape l'en félicita, & que l'Ambassadeur d'Angleterre alla l'en remercier de la part de son Maître.

Une lumière si éclatante, disoit M. Tronson, doit être placée sur un chandelier éminent. Me. de Guise qu'il dirigeoit, demanda pour lui l'Evêché de Séez. Dieu le destinoit à une plus grande place. On lui proposa de permuter son Abbaye avec l'Evêché de la Rochelle. Mais il aimoit les travaux de son état, & en craignoit les honneurs.

Me. de Maintenon le connut par l'Abbé Gobelin. Il fut appellé à St. Cyr pour des Retraites & des confessions extraordinaires. Il refusa long-temps, craignant l'air de la Cour, & pensant que cette Maison en étoit infectée. M. Tronson l'y détermina. Là commencèrent l'estime, l'amitié, la confiance de Me. de Maintenon, pour l'Abbé des Marais, qui, avant de l'avoir approfondie, la regardoit comme une mondaine, & qui l'honora depuis comme une Sainte.

En 1690, il fut nommé au siège de Chartres, toujours fort brigué, à cause du voisinage qui semble donner droit à l'Evêque d'être Courtisan. Ne pouvant avoir des Bulles, à cause de nos brouilleries avec Rome, il fit des Missions dans tout son Diocese. Il jetta les fondements de petits Séminaires qu'il établit depuis, & qu'il entretint à ses dépens.

En 1692, il fut sacré Evêque à St. Cyr, avec beaucoup d'éclat & de pompe. Et l'année suivante, par autorité du Saint Siege, il soumit cette Maison encore séculiere à la Regle de St. Augustin. Ses soins infatigables le porterent au plus haut point de perfection par des constitutions pleines de l'Esprit de Dieu, par des exhortations continuelles, par des entretiens fréquents sur les devoirs de la vie monastique, par son application à en bannir les Livres dangereux & les personnes suspectes.

En 1693, il abandonna les revenus de son Evêché aux pauvres de son Diocese, qui souffroient beaucoup de la disette des grains. Toute sa vaisselle d'argent consistoit en une cuilliere & une fourchette : & il les vendit. Il forma une société de personnes charitables qui donnerent de grands secours aux pauvres de la campagne.

Ces travaux Apostoliques épuiserent sa santé. Il pria plusieurs fois le Roi de lui permettre de quitter une place qu'il ne pouvoit plus remplir. Tous ses amis s'y opposerent: Ils savoient quel bien faisoit sa présence seule.

Quelque temps après, le Quiétisme parut en France : hérésie qu'on ne peut décrire sans péril de se tromper ; d'autant plus dangereuse, qu'en éloignant de la perfection, elle promet d'en approcher ; qui change l'esprit en matiere, en lui ôtant la liberté d'agir ; qui laisse la priere aux ames imparfaites, & se repaît de chimeres & de sentiments. Il condamna Me. Guyon, sans craindre les ennemis que son zele lui feroit, & M. de Cambray, sans être retenu par son ancienne amitié pour lui : ses Ordonnances détromperent quelques Quiétistes.

Il sollicita l'érection de l'Evêché de Blois, aux dépens de celui de Chartres. Le Roi voulut l'en dédommager en lui donnant la charge de Conseiller d'Etat d'Eglise. Le saint Prélat la refusa, disant qu'elle le détourneroit de la conduite de son Diocese. Il refusa, par le même principe, la nomination au Cardinalat. Il pria le Roi de conférer cet honneur à un homme plus propre que lui à soutenir la dignité de la Pourpre, & à jouer un rôle dans ces intrigues dont la Cour de Rome est le centre.

Lorsque le fameux cas de conscience scandalisa toute l'Eglise, il s'éleva contre cet Ecrit avec une fermeté apostolique. Le Pape fut charmé de son Ordonnance, & s'en fit remercier par ses Nonces. Plusieurs Evêques en suivirent les principes dans les leurs : quelques-uns y renvoyerent leurs Diocésains dans leurs Mandements. L'Electeur de Cologne & l'Archevêque de Malines la firent traduire en latin, & la donnerent en entier à leurs peuples, avouant qu'ils ne pouvoient leur rien offrir de meilleur. Enfin, Clément XI l'adopta dans sa Bulle.

La nouvelle Théologie du Pere Jueniu parut. M. de Chartres la trouva si dangereuse, que, malgré la foiblesse de sa santé, malgré les ennemis dont il alloit être assailli, il travailla sans relâche à cette belle Ordonnance, que tous les Théologiens regarderent comme un chef d'œuvre. Il honoroit les Jésuites, mais il ne dépendit jamais d'eux. Il aimoit M. le Cardinal de Noailles : mais sans égard à son inclination, il s'éleva contre la protection que ce Prélat accordoit aux Jansénistes. Dans les guerres de l'Eglise, il regardoit la neutralité comme une trahison contre elle. Il eut rougit d'être le spectateur oisif & muet des ravages que les Hérétiques y faisoient par leurs cabales & par leur résistance.

Sa vie étoit aussi pure que sa doctrine. Il faisoit chaque jour une demi-heure d'oraison : tous les matins il lisoit & méditoit la Ste. Ecriture. Sa conversation rouloit toujours sur des choses de piété, & jamais homme ne dit moins de paroles oiseuses. Il faisoit tous les ans une retraite de huit jours avec son Clergé. Ses Lettres au Roi, aux Princes, aux Papes, au Roi d'Espagne, étoient dignes des premiers siecles de l'Eglise. Il faisoit tous les jours la priere avec ses domestiques : sa maison étoit aussi réglée qu'un Couvent : il n'y eût pas souffert un homme oisif. Il prêchoit souvent. Il ne plaisoit pas : il convertissoit. Il couroit de bonne œuvre en bonne œuvre. Il donnoit exactement audience : & les plus importuns ne pouvoient réussir à exciter en lui un mouvement d'impatience ou d'ennui. En voyage, il écrivoit, il étudioit, il prioit.

Son zele, en ne consultant pas ses forces, les affoiblit ; de sorte qu'on peut dire avec vérité, qu'il s'est consommé pour la défense de la Foi & pour le salut des ames. Il demanda pour toute grace à Me. de Maintenon, que le Roi lui permît de se choisir un successeur, qui pût, disoit-il, réparer les fautes qu'il avoit faites, & soutenir le bien auquel il avoit contribué. On lui donna pour Coadjuteur M. l'Abbé de Montiers de Merinville, son neveu.

Ses infirmités augmenterent avec l'âge. Il vit approcher le dernier moment sans effroi. Sa patience, sa douceur, sa résignation ravissoient tout ce qui étoit autour de son lit. Il reçut le St. Viatique des mains de son neveu, en présence de tout le Clergé de sa Cathédrale, avec les sentiments de la plus éminente foi. Il fit à son Chapitre un discours touchant sur les soins dûs aux pauvres, sur leur union avec leur Evêque, sur les fautes qu'il avoit commises, sur la reconnoissance qu'il conservoit de leur amitié pour lui. Tous les assistants fondoient en pleurs. Il souffrit avec une constance inaltérable, les douleurs aiguës dont il fut déchiré. Il reçut l'Extrême-Onction avec une entière connoissance ; il répétoit souvent ces paroles de l'Apôtre : Que nous vivions, ou que nous mourions, nous appartenons au Seigneur. Il mourut le 26 Septembre 1709. A cette nouvelle, M. de la Chetardie dit : » L'Eglise perd un excellent Ouvrier, » il étoit propre à être à la tête des Evê- » ques, sans orgueil, & à s'opposer aux » nouveautés, sans emportement". M. l'Abbé Bonnet, son Confesseur, assura qu'il avoit toujours vécu dans une parfaite innocence de mœurs. Son corps fut porté solemnellement à son Séminaire de Beaulieu, comme il l'avoit ordonné, & son cœur à St. Cyr, par M. l'Abbé de la Vieuxville, avec cette Epitaphe : Hic jacet cor. ill. & rev. D. D. Pauli de GODET DES MARAIS, Carnutensis Episcopi, qui Regiæ huic domui primus dedit legem vitæ & disciplinæ. Obiit Carnuti., VI. Kal. Oct an. 1709, ætatis LXII. R. I. P. *Il fut amèrement pleuré par Me. de Maintenon, qu'il avoit conduite à un degré de perfection qu'on croiroit incompatible avec tant de grandeur, si l'on ne voyoit aujourd'hui la femme de l'Europe la plus grande en être aussi la plus sainte.*

LETTRES
DE M^R. L'ÉVÉQUE
DE CHARTRES
A M^E. DE MAINTENON.

LETTRE I.

Sur les mouvements intérieurs.

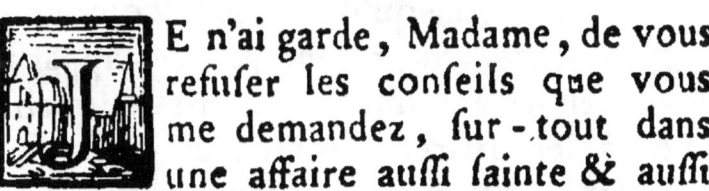E n'ai garde, Madame, de vous refuser les conseils que vous me demandez, sur-tout dans une affaire aussi sainte & aussi importante que le discernement des desseins de Dieu sur votre ame, & votre avancement dans la véritable piété.

Il y a eu assurément beaucoup du côté de Dieu, dans tout ce qui s'est passé en vous depuis le retour que la grace vous a fait faire vers lui. Mais on a eu raison de vous dire qu'il ne falloit pas prendre pour des inspirations, ni pour des mouvements de Dieu toutes les pensées qui nous venoient dans l'esprit. On auroit pu ajouter, que quand même ces mouvements auroient été formés dans le cœur par la grace, ce n'étoit pas toujours une marque que nous dussions les suivre tous, puisque nous voyons bien que nous ne le pourrions, sans nous jetter dans l'inquiétude & dans le trouble, qui est ce que Dieu ne veut pas. La prudence doit tout régler : souvent Dieu nous montre des choses élevées au-dessus de nous, seulement pour nous humilier & pour exciter notre desir, comme nous voyons que l'on montre de loin aux enfants de certains objets pour les attirer, quoiqu'on ne veuille pas encore les leur donner, parce qu'ils ne leur conviennent pas encore. On prétend par cet appas leur apprendre à estimer les choses estimables, & à les desirer, jusqu'à ce qu'ils soient capables d'y atteindre. Vous me demanderez, comment connoître tout cela ? Par l'obéissance : & c'est ce qui rend cette vertu si nécessaire, principalement quand on est conduit dans la voie où Dieu semble vous attirer : sans cela, on est en danger, ou de manquer aux inspirations qui nous indiquent la volonté de Dieu, ou de tomber dans une multiplicité de pensées & de vues qui nous fatiguent, qui font naître dans l'intérieur une espece de dispute & de chicane continuelle, & qui enfin nous épuisant de fatigues, de souffrances & d'ennui, nous jettent dans le découragement, dans la tiédeur : & c'est ce qui arrive particuliérement aux naturels vifs, comme me paroît être beaucoup le vôtre : & c'est en effet justement ce qui vous est arrivé. Le remede, c'est de demander promptement à celui qui a soin de votre ame, à quoi vous devez vous en tenir : exposez-lui en peu de paroles ce que vous croyez que Dieu demande de vous, & faites exactement ce qu'il vous dira : mais aussi bornez-vous pour le présent à n'en pas faire davantage, de peur d'entreprendre imprudemment par-dessus vos forces, & de vous accabler. Vous n'avez pas encore d'aîles pour voler : contentez-vous de marcher à terre ; mais marchez toujours, & répondez aux inspirations qui vous porteront au-delà de vos bornes : répondez, dis-je, avez St. François de Sales : » Ce n'est pas par » infidélité que je ne fais pas cela, mais » pour obéir..... »

LETTRE II.

Sur le détachement du monde.

1691.

IL est vrai que vous êtes conduite quelquefois par un chemin assez rude, & que ni du côté du monde, ni du côté de la santé, ni même du côté de ce que vous entreprenez pour Dieu, vous n'avez pas toute la consolation qu'on s'imagine. Mais c'est un bonheur inestimable que les choses soient ainsi : & ce seroit un grand malheur qu'elles fussent autrement. Convaincue, comme vous l'êtes, qu'il y a une autre vie, où l'on ne peut arriver heureusement que par la croix, pourriez-vous vous affliger, & pourroit-on s'affliger pour vous de ce que vous en avez une à porter, qui rende votre salut éternel d'autant plus sûr, qu'elle est souvent plus invisible & plus pesante ?

Il me semble que vous éprouvez quelquefois un peu l'état d'abandon sous la main de Dieu, & que vous en parlez comme d'un état utile & desirable. Vous êtes bien réellement dans l'occasion de mettre vos penſées en pratique, & toutes les circonſtances qui vous environnent vous y portent éminemment : c'eſt pour vous, encore plus que pour ceux qui marchent aujourd'hui pour la défenſe de la Religion, le temps de remporter des victoires : & il ne tiendra qu'à vous de gagner beaucoup plus dans votre retraite de St. Cyr, qu'on ne gagnera à à Mons & dans tous les autres endroits, où il plaira au Roi de porter ſes armes, & à Dieu de les bénir.

Il ne faut pour cela que pratiquer paiſiblement la patience, l'humilité, le détachement, & un peu de cet abandon que vous avez vu ſouvent de loin, & que vous voyez maintenant de plus près.

O que ces grandes occaſions devroient paroître précieuſes ! qu'elles peuvent nous faire faire, en peu de temps, un merveilleux progrès vers Dieu ! & qu'elles peuvent nous ſervir, au moins, à nous pénétrer de notre miſere ! Lorſque par des mouvements naturels, trop vifs, nous apprenons combien notre cœur eſt encore vivant à la créature, & combien les ſentiments qu'il en a, ſont plus forts & plus preſſants que ceux de la grace, nous éprouvons alors ce qu'il faut qu'il en coûte pour dire avec une ſincere &

pleine résignation : *Seigneur, que votre volonté soit faite !*

Cependant, si l'on veut être à Dieu, comme il le demande, il en faut venir jusques-là : il faut qu'il soit le seul maître, & que toute la tendresse naturelle fasse place à un amour dominant, qui coupe, & qui immole tout ce qui n'est pas purement & parfaitement pour Dieu. Benissez-le donc de ce que dans le secret, entre lui & vous, il vous donne une abondante part à l'amertume du Calice qui nous a sauvés. Agissez toujours avec courage : que votre cœur se fortifie : soutenez la main du Seigneur, lors même qu'il l'appesantit : il n'envoye point de croix, qu'il n'y attache une grande & une éminente grace ; ne laissez pas perdre celle qu'il vous a préparée, & pensez souvent, en sa présence, qu'après tout, quelle peine que vous souffriez, vous n'en souffrez pas autant que vous en méritez, autant que Notre Seigneur en a souffert, autant, peut-être, qu'il vous en faut pour gagner le Ciel.

LETTRE

LETTRE III.

JE suis très-perſuadé que Dieu veut que je ſerve de tout mon cœur la perſonne que vous m'avez recommandée. Je ſouhaite ardemment de le faire utilement. J'y penſe ſouvent devant Dieu, & je ne monte jamais à l'Autel ſans l'offrir à notre Seigneur Jeſus-Chriſt. Je me tiens tout-à-fait chargé de ſon ame. J'eſpére que par ſa ferveur & par ſes bonnes œuvres, elle trouvera le moyen d'entrer au Royaume éternel de notre Sauveur Jeſus-Chriſt, avec une riche abondance de graces & de mérites. J'ai grande envie d'y aller avec elle, & de voir arriver en foule ceux au ſalut deſquels nous aurons contribué. Je vous recommande, Madame, à mon tour, cette perſonne que vous m'avez recommandée : veillez ſoigneuſement à ſon ſalut. Il me ſemble que l'on doit avoir pour elle les ſentiments que St. Paul avoit pour Phébé, l'excellente femme qui ſervoit l'Egliſe de Corinthe, afin qu'on la reçoive au nom du Seigneur, comme on doit recevoir ceux qui ſont entiérement conſacrés à ſon ſervice ; qu'elle ſoit aſſiſtée dans tous ses besoins : car elle-même en assiste plusieurs ; & moi en particulier, je suis & serai à jamais en lui tout entier à son service.

LETTRE IV.

JE suis tout-à-fait consolé de ce que vous me mandez de la part de cette personne que vous m'avez recommandée. Je n'ai point cru la faute considérable, & je n'en aurois pas écrit légérement, si je l'avois pensé : car je ne pourrois voir une chose semblable sans une profonde douleur. J'espere que cela ne lui arrivera jamais en quelque maniere que ce soit, de propos délibéré. Elle vit à Dieu pour ne jamais mourir. Son zele, son courage, sa détermination au bien me fait tout espérer. Ne vous lassez point, Madame, de prier & de la porter à une pleine confiance en Dieu. Elle peut aller à tout, & rien ne doit aller au-dessus de ses espérances, étant à un si bon maître. ,, J'ai souverainement espéré ,, en vous, disoit David : ceux qui es- ,, perent en lui ne seront jamais confon- ,, dus. '' Que ne fait-on pas quand on a de grandes espérances ? Vous en avez assez d'exemples autour de vous. Que ne devroit-on pas entreprendre quand on en a au-dessus de celles que le monde donne, & qu'elles sont certaines, Dieu & le Paradis ? Quiconque sait ce que c'est n'a plus de peine à rien ; & s'il sent de la peine, il aime cette peine qui le mene à un si grand bien.

LETTRE V.

PUisque vous le permettez, Madadame, & que la personne que vous m'avez adressée veut que je vous confie tout ce que je lui envoye, sans vous rien cacher, ayez la bonté de lui dire que j'ai reçu sa reddition, dont je suis très-content : elle ne doit pas craindre de m'accabler par de pareilles écritures. Je suis par-là aussi informé de sa conscience que si elle m'en entretenoit tous les jours. J'y vois ses dispositions, ses résolutions, ses tentations : & j'espere, avec la grace de Dieu, être par-là mieux en état de m'acquitter de ce qui sera de mon ministere. Il ne faut point discontinuer cette pratique. Je ne puis vous dire la joie que j'ai de la voir exacte à ses pénitences, simple, soumise : je sais

B ij

le bien qui lui en doit revenir. Ce m'est un préjugé certain de ce que Dieu fera en elle. Oui, Madame, sa sûreté sera dans son obéissance : j'en serai plus chargé : mais j'espere que Dieu m'aidera, puisqu'il m'a fait Prêtre pour cela, & qu'il paroît l'exiger de moi. Je trouve présentement cette charge aussi légere que je l'ai envisagée d'abord pesante & formidable, avant que de connoître les dispositions de cette personne. Elle ne doit pas craindre que ce qu'elle m'a marqué sur ce qu'on pouvoit lui en demander davantage à l'avenir, me retienne. Il est bon que je sache ses appréhensions sur cet article. Elle veut faire ses ap... (*il manque ici une phrase.*) Tout ce qui sera de son devoir, s'en tenir à ce que son guide lui en dira de la part de Dieu : cela me suffit. Je répondrai librement, je presserai, je gronderai même, s'il le faut, à temps & à contre-temps, selon l'avis de St. Paul, quand je le croirai nécessaire au bien de cette personne. J'ai dit la Messe aujourd'hui pour elle : j'ai présenté ses besoins. J'espere beaucoup pour elle ; & je ne puis m'ôter de l'esprit qu'elle est de celles dont Notre-Seigneur a dit, que personne ne lui ravira, qu'il leur donnera la vie éternelle. Sa détermination contre tout le mal, & pour tout le bien que Dieu voudra d'elle, m'en est une assurance. Je ne crois pas lui avoir marqué de baisser la tête ailleurs que pendant le *Confiteor* ; ce n'a pas été mon intention. Je vous prie de lui faire entendre que dans l'état où elle est, elle ne doit jamais avoir de singularité qui choque, si ce n'est dans les devoirs essentiels dont elle est redevable à Dieu & à l'édification publique : alors il faut se singulariser avec le petit nombre des élus. Je lui conseille de continuer l'austérité dont elle se sert deux fois la semaine, & autant de temps qu'elle m'a marqué avoir accoutumé de la pratiquer, hors le temps des migraines ou autres contre-temps qui rendront cette pénitence impraticable. Je lui enverrai la pratique pour le mois prochain : s'il n'y a pas d'inconvénients, ayez la bonté de me le faire savoir. Je vois dans son écrit la guerre que lui fait son orgueil depuis long-temps. Je bénis Dieu qu'elle l'ait présentement en horreur, & qu'elle veuille à son tour l'attaquer vigoureusement & sans relâche. Car je sais que Dieu résiste aux superbes, & qu'il se communique aux humbles. Son élévation me feroit craindre, sans ce correctif que la grace met dans son cœur. Je suis bien content de ce qu'elle m'apprend touchant la premiere partie de la juſtice Chrétienne qu'elle pratique : affermiſſez-la bien, Madame, dans l'horreur qu'elle doit avoir du péché : qu'elle ne craigne que ce grand mal : qu'elle le regarde comme l'unique ; qu'elle en prévienne les moindres commencements : qu'elle lave avec ſoin les fautes les plus légeres de la ſemaine dans le ſang de Jeſus-Chriſt, le jour de ſa Confeſſion. Elle fera des fautes de fragilité ; mais elle doit éviter les moindres aux dépens de tout, & retrancher toute affection aux vénielles. L'heure venue de la faire avancer, je ne tarderai pas un moment à lui marquer ce qui me paroîtra de ſon devoir. Laiſſons cependant faire le grand Ouvrier : il eſt le maître de la place : il en éloigne l'ennemi : il y mettra un mur & un contre-mur pour la défendre : il y fera fleurir la juſtice & la paix, & l'armera imperceptiblement de toutes les vertus néceſſaires.

LETTRE VI.

JE ſuis fâché de n'avoir pas ſu que vous vous appellez Françoiſe, avant de dire la Meſſe. Je ſouhaite que vous ayez toute la petitesse, le détachement, le renoncement à vous-même, le pur amour dont votre bon Patron vous a donné l'exemple. M..... m'a dit que vous étiez peinée sur la disposition des esprits de St. Cyr. Dieu vous aime, & il veut que vous le fassiez aimer. Vous avez besoin pour cela de la sainte ivresse de St. François, qui surpasse la sagesse des plus éminents Docteurs. Quand est-ce que l'amour de Dieu sera connu & senti au lieu de la crainte servile qui défigure la piété!

LETTRE VII.

JE vous renvoye, Madame, l'écrit de M. de Fénelon; il est à merveille pour vous servir de pratique pendant ce mois. Vous ne pouvez mieux commencer cette année. Son bon esprit & sa piété lui a fait écrire des choses admirables pour vous, sur le renoncement que Dieu vous met si fort dans le cœur. Quand il vous connoîtroit aussi-bien que moi, il n'auroit pas mieux traité certains endroits. Quoique je vous connoisse plus à fond que lui, je n'aurois jamais pu vous écrire si bien & si nettement tant de choses utiles. Jugez par-là du secours que vous en pourrez tirer, quand il vous connoîtra un peu davantage. Je ne lui ai point dit ce dont nous sommes convenus : vous ne m'en aviez point chargé : faites-le vous-même en toute confiance : il n'y a rien à craindre : je vous réponds de lui comme de moi. Voici donc, Madame, votre pratique : renoncez non-seulement aux grossiers intérêts de l'amour-propre, mais encore plus aux subtiles adresses de la vanité & de la complaisance, dont M. de Fénélon vous dépeint si bien les raffinements les plus imperceptibles ; comprenez bien que Dieu nous a faits ce que nous sommes à sa louange, & que la gloire de tout ce que nous faisons lui doit revenir, & lui renvoyez fidélement, comme au Roi de la gloire, qui s'est manifesté à vous, toutes les louanges & l'encens qu'on vous offre sans cesse, sans permettre à la vaine complaisance naturelle de s'en repaître de votre consentement, bien moins de s'en raffasier, quelque justes & innocentes que vous paroissent les occasions qui s'en présentent. Regardez tout ce que vous avez comme un bien prêté dont vous n'avez que l'usage, & dont toute la gloire doit retourner journellement au souverain Monarque & Bienfaicteur, qui va régner avec plus de gloire & d'autorité que jamais sur votre cœur. Usez très-sobrement des choses les plus nécessaires & les plus innocentes de votre état : fidele à Dieu, quand vous verrez clairement le point de la juste mesure : docile & humble à vous éclaircir, quand vous aurez des fondements de douter sur quelques-unes, soit par rapport aux choses dont vous doutez, soit par rapport à l'attache que vous y avez. Etudiez souvent quelque article de ce qu'on vous a écrit sur le renoncement. Vous offrir à Dieu fréquemment pour le pratiquer dans toute l'étendue de ses desseins : être fidele dans les occasions à quitter ce que vous connoissez devoir être retranché du cœur : demander, esperer & attendre sans trouble le progrès que la grace vous fera faire dans cette vertu : communier un jour extraordinaire pour l'obtenir de Dieu : voilà votre pratique pour ce mois.

LETTRE VIII.

Sur l'abattement de l'ame.

J'Avoue que ce que l'on me mande de l'augmentation de votre foiblesse, qui ne vous permet presque pas de vous appliquer à rien, & qui vous mit Mardi hors d'état d'entendre la Messe, m'a donné d'abord une vraie inquiétude. Mais la paix & la tranquillité où vous paroissez être dans cet état d'épuisement, étant une marque du bon usage que vous en faites, je me sens tout consolé de pouvoir croire que vous êtes aussi agréable à Dieu, en ne faisant rien par incapacité d'agir, que vous le feriez, en faisant mille bonnes choses par impression de zele. Après tout, que nous importe ici-bas de travailler, ou de cesser de travailler, pouvu que la divine volonté s'accomplisse en nous sans l'agrément de la nôtre? Ne pensons qu'à vouloir ce que Dieu veut, & portons avez humilité l'humiliation qui est attachée à un abattement, causé, selon toutes les apparences, par une trop grande sensibilité naturelle. Souvent l'esprit contribue beaucoup à accabler la chair ; & comme le Saint Esprit nous apprend que le corps, qui se corrompt, appesantit l'ame, aussi voyons-nous par expérience que l'ame, qui, par vertu, se fait violence, jette le corps dans l'épuisement. Pour lors il faut se voir défaillir avec une sainte complaisance pour les ordres de celui qui est le maître de la santé & de la vie : on avance plus en peu de jours par cette route d'acquiescement & de soumission, qu'on ne feroit en bien du temps par les meilleures actions qu'on peut faire de son choix.

Il ne faut point souhaiter avec empressement de sortir de cette inaction, un moment plutôt que Dieu ne voudra, ni s'affliger de l'impuissance où l'on se trouve de faire ses fonctions & ses prieres accoutumées. Il suffit de se tenir doucement en la présence de Dieu pour l'adorer, pour le goûter, pour consentir à notre totale destruction, quand il lui plaira ; d'être ravi dans la partie supérieure de notre ame, d'avoir moins de vivacité pour les choses les plus agréables de la vie, de n'être presque pas touché de ce qui, dans un autre temps, feroit un plaisir bien sensible à notre amour-propre. Voilà ce qui m'est tombé dans l'esprit : mais si vous écoutez Dieu, pour peu qu'il vous parle, la moindre de ses paroles intérieures vous sera infiniment plus utile : ouvrez-lui bien votre cœur, & ne desirez que lui : vous y trouverez toutes choses.

LETTRE IX.

Sur le renoncement à soi-même.

A Juger des choses humainement, on devroit vous estimer heureuse d'aller rejoindre l'homme, dont la séparation vous avoit si sensiblement affligée. Mais, selon l'esprit de l'Evangile, les jours d'affliction sont meilleurs que les jours de joie : & il faut plus de vertu pour bien user des consolations humaines, que pour supporter les peines & les souffrances. Je prie Notre-Seigneur qu'il soit toujours en tout temps le maître absolu de votre cœur : & je le bénirai sur-tout lorsque je verrai qu'il prendra soin de vous marquer au coin de sa Croix : c'est le caractere des élus.

Jouissez, Madame, de la solitude que Dieu vous a faite : quand on la trouve au milieu des plaisirs du monde, on peut, on doit croire que c'est Dieu seul qui en est l'auteur. Je souhaite qu'il vous parle souvent au cœur, & que vous lui répondiez comme il le desire. La peine que vous avez de votre dissipation, vous empêchera d'y tomber par inclination. Marcher au-dedans avec Dieu, & autant que Dieu le veut, c'est l'état d'une ame toujours intérieure ou recueillie. Le recueillement ne consiste pas à se retirer de tout, mais à être avec Dieu par-tout où il veut, quand la Providence nous y engage. Je suis bien content que vous vous possédiez un peu davantage, & que vous vous laissiez moins aller à la vivacité. Courage, Madame, cette voie vous conduira à la perfection.

LETTRE X.

Sur les Visites & les Audiences.

LOrsque vous ne pouvez éviter les visites, tâchez d'adoucir votre cœur pour les recevoir plus tranquillement dans l'ordre de Dieu, comme une croix qui vous sanctifie, & qui soulage les autres, en vous faisant souffrir. On dit d'un grand serviteur de Dieu de ce siecle, que sur la fin de sa vie, sa charité étant arrivée à son comble, il se regardoit comme une victime dévouée à l'utilité publique, qu'il se livroit dans cet esprit avec complaisance à tout le monde, & que ne faisant mauvais visage à personne, il se faisoit l'esclave volontaire de chacun pour l'amour de celui qui, étant le Maître absolu de tous, s'est fait le serviteur de tous. C'est ce maître dont nous apprenons dans l'Evangile, qu'étant pressé par une foule de peuple qui s'approchoit à l'envi de sa personne sacrée, souffroit avec tant de bonté les empressements indiscrets de ce pauvre peuple, & qui disoit : *Je sens qu'il est sorti de moi une vertu secrete qui porte avec elle la guérison.*

Une personne bien Chrétienne, qui recevroit avec un visage serein & un cœur tranquille tous ceux qui viendroient la chercher pour leurs intérêts, pratiqueroit une vertu qui guériroit l'esprit de bien des gens, & qui, en les édifiant, les consoleroit dans leurs maux, du moins par la bonté extérieure avec laquelle on paroîtroit y entrer en les écoutant. Un malheureux est à demi-guéri quand on l'écoute : & on est trop heureux quand on peut faire plaisir à un cœur qui souffre.

LETTRE XI.

Sur la Priere.

1699.

JE me reproche, Madame, d'avoir été trop long-temps fans écrire à ma fœur R... (1), ma très-chere fille en N. Seigneur, pour laquelle je me fens de plus en plus un zele ardent. Elle fe purifie dans les peines & dans les croix de fon état: c'eft, ce me femble, le myftere de Dieu fur elle : il la perfectionne par les croix & les dégoûts qu'il lui fait trouver dans un état qui n'attacheroit que trop une ame mondaine & ambitieufe, & qui feroit un très-grand piege, fi elle en étoit enivrée. Je n'ai jamais pu me réfoudre de partir pour ma vifite que je dois commencer Lundi, fans lui écrire quelque chofe fur fes dernieres redditions : elle

---

(1) Quand M. de Chartres avoit quelque chofe de fecret à écrire à Me. de Maintenon, il lui écrivoit fous un nom fuppofé: telle eft cette lettre adreffée *à ma fœur R...*, parce qu'il y eft parlé du devoir conjugal.

aura à l'avenir plus souvent de mes lettres : je sais qu'elle veut que tout passe par vous. J'ai observé dans ses deux derniers écrits que sa peine journaliere regarde sa priere : j'ai peur que la pensée où elle est, qu'elle s'acquitte mal de cette pratique, ne se tourne en tentation, & que croyant y perdre tout son temps, elle n'y trouve pas cette sainte joie & cette confiance qui fait approcher de Dieu avec ferveur & avec cette faim salutaire des choses spirituelles, qui en chasse les dégoûts & l'abattement. Je puis l'assurer que, malgré toutes ses distractions, elle prie que Dieu l'écoute, & qu'elle s'avance. J'en ai des preuves suffisantes : desirer de prier, c'est prier : craindre de prier mal, s'humilier de sa dissipation, & de sa froideur, c'est prier : demander l'esprit de prieres, c'est une bonne priere : aller à la priere malgré son dégoût & ses distractions, c'est prier. David étoit quelquefois réduit à cette maniere de prier : *J'ai desiré de desirer, Seigneur, vos justifications en tous temps.* Consulter Dieu en toutes ses actions, les offrir, les rapporter à Dieu, c'est prier : écouter Dieu au-dedans de soi, cacher dans son cœur ses paroles saintes, qui renouvellent & fortifient, s'en entretenir intérieurement au milieu du monde pour ne point offenser Dieu, c'est une excellente priere; dire à Dieu dans son indigence ces paroles du Prophete: *Abaissez, Seigneur, votre oreille, & exaucez-moi, parce que je suis pauvre & dans le besoin*, c'est prier, malgré la sécheresse & l'impuissance de son cœur. Vivre de la Foi, de l'Espérance, & de la Charité, c'est prier: & les justes, qui ont toujours au fond du cœur les desirs que ces vertus inspirent, prient sans discontinuation. Ce qui trompe notre chere fille, c'est qu'elle ne distingue pas assez les différents fruits de l'Oraison. St. Thomas dit qu'il y en a trois: le premier, c'est de mériter la vie éternelle; le second, d'obtenir les autres biens qu'on demande; le troisieme, est un certain rassasiement spirituel, qui console, qui soutient, qui fait oublier les choses terrestres, & goûter la présence de Dieu. Il est vrai que les distractions sont un obstacle à ce dernier effet de la priere: mais elles n'empêchent point les deux premiers, à moins qu'elles ne deviennent volontaires.

J'exhorte donc ma très-chere fille, à ne point s'abattre par les inégalités qu'elle trouve tous les jours dans ses Oraisons: Dieu assurément n'a pas détourné sa miséricorde, ni l'esprit de priere de sa servante : son encens monte jusqu'au trône du Tout-puissant ; sa priere n'est jamais sans mérite, ni sans impétration, quoiqu'elle soit souvent sans ce rassasiement dont parle St. Thomas. La volonté de prier, & l'attention qui a donné commencement à la priere, est censée persévérante, malgré les distractions, tant qu'elle n'est pas rétractée. Le temps manque à ma sœur R...., les œuvres de son état la partagent : les affaires l'occupent, la remplissent, & la suivent par-tout : mais elles sont de Dieu & pour Dieu. Dieu écoute la préparation de son cœur ; & selon la parole de David, le Législateur qui lui a prescrit les nécessités & les loix de sa vocation, lui donnera sa bénédiction : elle ira de vertus en vertus : elle verra le Dieu des Dieux en Sion. St. Augustin écrit à une Dame, nommée *Proba*, que les Solitaires d'Egypte faisoient de fréquentes prieres, mais courtes, & comme des oraisons jaculatoires, de peur que le goût de prier, & l'attention ne s'affoiblit, ou ne s'évanouît par la lassitude des longues-prieres : d'où il conclut qu'on ne doit pas forcer sa priere pour la faire longue, quand la longueur y fait trop d'obstacles, & qu'on y doit persévérer plus long-temps, quand la bonne volonté & l'attention se soutiennent avec plus de persévérance. Cette maxime peut aider ma chere fille à se déterminer franchement, selon son temps & ses differentes dispositions : elle peut suppléer, par de courtes prieres & par des retours fréquents vers Dieu, au temps que les affaires ou sa langueur lui auroient dérobé. Je lui conseille d'user souvent intérieurement des demandes du *Pater* : c'est la priere par excellence : elle renferme tout ce que l'on peut demander : nous la répétons sans cesse dans notre Office : & toute bonne priere, dit St. Augustin, se réduit toujours à quelque demande de l'Oraison Dominicale.

Je prie pour ma chere fille plus instamment que jamais : je demande à Dieu qu'elle ne succombe pas dans les occasions pénibles qu'elle m'a marquées dans une de ses redditions : c'est une grande pureté de préserver celui qui lui est confié, des impuretés & des scandales où il pourroit tomber : c'est en même-temps un acte de patience, de soumission, de justice & de charité : je regarde comme une merveille de la grace, que Dieu lui ait donné l'amour de la vertu des épouses de Jesus-Christ, dont elle devoit être la mere : j'espere qu'elle participera à leurs prérogatives, à cause de la préparation de son cœur. Il faut cependant, malgré cette inclination, rentrer dans la sujétion que sa vocation lui prescrit : il faut servir d'asyle à un homme foible, qui se perdroit sans cela : il faut qu'elle l'aide à marcher, comme Elisabeth & Zacharie, dans toutes les justifications du Seigneur: Quelle grace d'être l'instrument des conseils de Dieu, & de faire par pure vertu ce que tant d'autres femmes font sans mérite, ou par passion! Une ame juste se purifie dans les états que Dieu a sanctifiés : bientôt elle sera comme les Anges du Ciel : là cesseront les sujétions de la vie présente : ma sœur R.... n'aura plus qu'à suivre l'Agneau par-tout où il ira.

LETTRE XII.

Sur les distractions dans la priere.

Votre état est bon : aimez l'amour ; chassez la crainte servile : & la crainte filiale demeure avec la charité : vous vous servirez de la crainte de l'enfer au besoin, lorsque les grandes tentations le demanderont.

Il faut que je réponde à l'article de

vos diſtractions. Il eſt vrai qu'il n'y a pas un moment de perdu au temps de la priere, & qu'elle ne doit être remplie que des deſirs du Ciel, & des actes fervents de toutes les vertus, pour répondre au torrent des bienfaits de Dieu, à l'obligation que nous avons de le louer ſans ceſſe, & pour ſatisfaire aux beſoins immenſes & journaliers de notre ame & de notre corps. Je comprends, Madame, qu'une de vos ſenſibles peines, c'eſt l'inſtabilité de vos penſées, la volubilité de votre imagination, & l'accablement nouveau de vos affaires qui viennent vous troubler dans les moments que vous les voulez éloigner. Mais ſachez que l'intention ſincere de prier, lorſque vous vous mettez effectivement en état de le faire, ſoit mentalement, ſoit vocalement, eſt une eſpece d'attention continuelle qui ne ceſſe point d'être une vraie priere, par les diſtractions involontaires. L'intention de prier ſubſiſte, tant qu'elle n'eſt pas révoquée, ou par une intention contraire, ou par des diſtractions volontaires, ou par d'autres actes contraires à la priere. Il eſt vrai que l'attention actuelle de l'eſprit & de l'élévation continuelle du cœur à Dieu, ou aux choſes de Dieu, eſt la priere parfaite, & qu'il faut la deſirer. Mais l'intention de prier, jointe aux foins d'éloigner toutes les penfées contraires quand on s'en apperçoit, & la fidelité à demeurer en la préfence de Dieu au lieu de l'oraifon, quand on fait ce qu'on peut pour s'unir à Dieu, & qu'on rejette toute autre forte d'occupation contraire, jufqu'à ce que le temps, deftiné à la priere foit accompli, c'eft une efpece d'attention moins parfaite, mais qui fuffit. Quoiqu'il faille tendre à l'attention actuelle, qui eft la plus parfaite, il eft conftant néanmoins que l'imbécillité de la vie préfente ne nous permet pas d'efpérer une fi forte application à Dieu, que rien ne l'interrompe, & ne la traverfe. Pendant ces intervalles de diftractions involontaires & pénibles, on prie encore, parce que l'intention, la volonté, l'attention de la premiere efpece, que les Théologiens appellent *virtuelle*, fubfifte toujours, puifqu'en vertu de cette premiere intention, on demeure immobile dans ce qu'on fait, fans s'en détourner volontairement. Cette premiere & forte attention fait rentrer fouvent l'ame dans fon divin commerce avec Dieu, la fait gémir dans fon inftabilité, & rentrer dans fes premieres méditations, dans les affections, & lui redonne fouvent une nouvelle force contre toutes les importunités, & l'enflamme des plus vifs mouvements de foi, d'espérance, de charité, d'humilité, &c. Les foiblesses même où la malheureuse nécessité de notre exil présent nous fait tomber malgré nous, fournissent souvent à notre ame un nouveau sujet de gémissement & de souffrance ; & ce déplaisir sensible de nous voir séparés de Dieu contre notre gré, est une oraison fort agréable à Dieu, par les actes d'humilité & de soumission qu'il nous fait pratiquer.

Cessez donc, Madame, de regarder le temps comme perdu ; vous ne laisserez pas de prier véritablement, de frapper continuellement à la porte du Pere de miséricorde. Tant que vous ne consentirez pas à ces distractions, l'entraînement involontaire de votre imagination, in l'égarement de vos pensées n'interrompront point le mérite de votre oraison : elle sera toujours un sacrifice de louange, tant que vous ne révoquerez point votre premiere intention, ou que vous ne tomberez point dans ces négligences, dans ces immodesties si grandes, qu'elles équivalent une renonciation formelle, une indolence, ou un mépris, ou un dégoût marqué, tel que celui de vos courtisans, que vous voyez tous les jours dans la chapelle de Versailles : ils perdent l'intention qu'ils ont peut-être eue de prier, par leur immodestie grossiere, par la liberté de parler & de regarder dans le temps de la Messe, & ils profanent le lieu saint, & changent en offense de Dieu, & en scandale le sacrifice de propitiation.

Je vous dirai encore plus pour votre consolation, puisque Dieu vous a bien élevée par sa grace au-dessus de l'intelligence de ceux dont je vais parler, & qu'il vous a donné une charité plus vive & plus agissante.

Les Chrétiens simples, mais fideles & innocents, qui vont à l'Eglise avec une foi humble & avec l'amour de nos mysteres; qui se tiennent en la présence de Dieu avec respect; qui s'unissent aux Ministres de l'Eglise dans l'action de la Messe; qui adorent à leur maniere la majesté cachée de Dieu ; qui regardent nos cérémonies avec Religion ; qui aiment & révérent les vérités impénétrables qu'elles représentent ; qui disent leur chapelet dans une langue qu'ils n'entendent pas, pour demander à Dieu leurs besoins, le louer, le remercier de ses bienfaits ; qui chassent avec soin les distractions : ces gens-là, là, dont le cœur n'est distrait par aucune passion mondaine, font une prière d'autant plus à estimer, qu'elle est plus humble, plus modeste, plus sévere & plus facile à continuer.

Je reviens, Madame, à ce qui vous regarde. Vos distractions ne détruisent point votre méditation, quoiqu'il faille en gémir, & par-là en faire un sujet de priere. Faites ce que St. Augustin suggere, lorsque vous serez le plus accablée de pensées étrangeres : tenez-vous devant Dieu comme un pauvre, comme un mendiant, accablé de besoins : soupirez, gémissez comme lui : levez les yeux de votre cœur à Dieu : il acceptera votre bonne volonté, & entendra merveilleusement cette priere. St. Ambroise ne condamne que les distractions du cœur attaché au monde par les ardeurs de la vanité, de la volupté, de la cupidité : elles sont incompatibles avec la priere : car elles naissent des passions qui font les distractions volontaires & les séparations funestes de l'ame avec Dieu. Heureuses les ames que Dieu a prévenues par sa grace, & en qui il laisse l'amour des choses célestes ! heureuse celle qui recommence, à tout moment, un commerce secret avec lui, lors même qu'elle ne pense pas à lui !

Souvenez-vous, Madame, que, selon le langage unanime des Saints Peres, une bonne vie & l'abondance de bonnes œuvres est une admirable & continuelle priere, qui parvient toujours aux oreilles de Dieu. Penser à Dieu, agir pour lui, c'est prier. Une courte invocation suffit pour satisfaire à votre dévotion pour le Ste. Vierge : vous la pouvez réitérer tous les jours en un moment. Dans vos besoins particuliers, adressez-vous aux Saints : l'Eglise les invoque tous les jours ; c'est la pratique ancienne de tous les Chrétiens : les Saints, dans l'Apocalypse, présentent à l'Agneau le parfum des prieres des fideles : ils ne sont pas vrais médiateurs, mais nos intercesseurs auprès de notre unique Médiateur. Voici ce qu'en a défini le Concile de Trente : *Les Saints qui regnent avec J. C., offrent à Dieu leurs prieres pour les hommes : il est bon & utile de les invoquer d'une maniere suppliante, & de recourir à leur secours pour nous obtenir de Dieu ses bienfaits par son fils notre Rédempteur.*

Vous faites bien d'abandonner à Dieu la maniere de votre mort : mais demandez-lui avec l'Eglise, & souvent & inftamment, qu'elle ne soit pas imprévue, & la persévérance finale dans sa grace & dans son amour : c'est le don par excellence · le Concile de Trente l'appelle le *grand don*, & celui qui distingue les élus des réprouvés.

Vous avez les dévotions de l'Eglise, les particulieres sont souvent mêlées de beaucoup d'abus : les plus régulieres ne sont pas nécessaires, ni commandées dès qu'elles sont particulieres : on fait à St. Sulpice certaines choses qui ne se pratiquent pas à St. Lazare : St. Cyr a des usages que les Carmélites n'ont point. Mais il faut approuver dans les autres ce qui est bon & louable, & participer par l'union de la charité, selon cette parole de St. Augustin : *J'ai part, par la société de mon amour, à ce qui vous appartient en propre par votre travail.*

Quant à votre Purgatoire, il sera abrégé par vos pénitences sacramentales, par les souffrances de votre état, par les satisfactions de J. C. que vous offrirez à Dieu, & peut-être par de longues infirmités, jointes à vos bonnes œuvres. Le saint Concile de Trente définit sur les Indulgences, que la puissance de les accorder a été donnée à l'Eglise par J. C., & que l'usage en est salutaire : il ajoute que cet usage doit être retenu avec modération, de peur que la discipline Ecclésiastique ne soit énervée par une excessive facilité. Contentez-vous de gagner celles que l'Eglise vous accorde, sans méprifer celles qui font données aux lieux particuliers. Mais faites plus de cas de la contrition & de la bonne vie, sans quoi les Indulgences font inutiles; laissez faire les bonnes ames qui font autour de vous: elles ne peuvent avoir vos pratiques, & vous ne pouvez avoir les leurs: le service de l'Eglise, de l'Etat, du Roi, de St. Cyr, certaines grandes œuvres que vous seule pouvez faire, voilà, Madame, votre dévotion: ne prenez jamais le change: que vos amies en suivent d'autres: c'est leur partage; n'y entrez pas.

Vos filles font estimables de porter un respect extérieur, jusques dans les moindres choses, au lieu consacré particuliérement au Sacrifice, & sanctifié par la présence même de Dieu en l'Eucharistie? vous ferez bien de les maintenir dans ce respect. Mais il vous est sans doute permis d'y faire ce que vous y avez fait jusqu'à présent en esprit de confiance: je vous conseille cependant de prendre votre bouillon à la porte de votre tribune, ou derriere votre rideau, afin que les foibles en soient plus édifiés.

Je suis ravi de vous voir éprise de cette vive & sensible dévotion pour J. C. Rien, en toute la Religion, ne lui est comparable : J. C. est le commencement & la fin, l'alpha & l'omega de notre salut : il n'y a que lui sous le Ciel au nom duquel nous devions être sauvés. Ouvrez tous les jours ce grand livre : sa doctrine, sa vie, ses mysteres sont des abymes où les petits trouvent des appuis salutaires pour marcher, & les géants, des profondeurs qu'il faut admirer & respecter. Un bon enfant, comme vous, doit savoir à merveille le Testament de son pere, l'exécuter fidélement, & n'omettre aucune de ses volontés, ni par négligence, ni par oubli : relisez-le tous les jours : c'est-là votre grace & votre attrait. N'en doutez pas, Madame, laissez à Samuel & à Heli de coucher dans le Temple; pour vous, contentez-vous de le visiter : sortez-en plus forte & plus animée pour le travail : gagnez à Dieu beaucoup d'ames; soutenez les gens de bien, animez les tiedes ; consolez les pauvres & les affligés; défendez la vérité, autant que vous la connoissez; opposez-vous aux méchants. Vous serez grande devant lui, si vous devenez petite pour lui. Je vous vois déja croître en humilité : ayez courage, vous irez plus loin.

Il vous conduira à la perfection : il achevera en vous ce qu'il a commencé, & vous serez, avant votre mort, une Chrétienne forte, courageuse, riche en bonnes œuvres. Vous avez beaucoup de foi & de simplicité dans la foi ; mais il faut qu'elle croisse encore : la défense que vous lui prêtez contre les nouveautés, la fera croître considérablement Considérez, pour réprimer les pensées d'orgueil qui naissent de votre état, considérez que vous n'êtes que ce que vous êtes devant Dieu, que de vous-même vous êtes moins que rien, puisque devant cette Majesté toutes les créatures ensemble sont comme si elles n'étoient pas.

Ménagez votre santé, Madame : vous en avez besoin : elle est plus délicate que jamais ; & quoique vous soyez, dites-vous bien-aise d'être flattée sur cela ; je ne crains point de vous le dire instamment, ménagez-vous ; obéissez aveuglément. Voyez comme je compte sur votre obéissance : je vous dis en termes d'autorité tout ce qui me vient dans l'esprit pour votre sanctification. Je vous prescris des pratiques, qui paroîtroient à d'autres qu'à vous dégénérer en formules, en petitesses, & en détails trop précis : mais *l'obéissance vous vaut mieux que le sacrifice* : & j'aime mieux vous conduire sûrement & simplement, que de vous écrire de beaux discours.

LETTRE XIII.

Sur les tentations de l'orgueil.

Gardez-vous bien, Madame, de laisser les choses bonnes ou innocentes, à cause des retours importuns de complaisance dont vous vous sentirez attaquée : ne supprimez jamais, par exemple, une lettre utile que vous avez écrite à bonne intention, par égard pour la société. N'interrompez jamais un discours commencé, quand il est innocent en lui-même : ne vous abstenez pas même d'en commencer quelqu'un par la seule nécessité de la société, quoique vous prévoyiez les attaques de votre ennemi. Il seroit bien content, s'il pouvoit au moins vous rendre inquiete, gênée, scrupuleuse, incommode, dure à ceux que Dieu veut sanctifier & soutenir par vous dans des choses innocentes. Il seroit fort satisfait de ses artifices : car nous n'ignorons pas ses pensées, disoit St. Paul, & il lui importe peu que ce soit par le vice ou par les vertus, pourvu qu'il nous jette dans quelque excès, & qu'il nous rende le service de Dieu odieux ou impraticable, dans l'état que la Providence nous a choisi. C'est pour cela qu'il se transforme quelquefois en Ange de lumiere; il nous présente beaucoup plus de bien à faire que Dieu n'en veut & que notre vocation n'en demande. Méprisez-le, Madame : c'est tout ce qu'il mérite. Relisez vos lettres : il peut y avoir des fautes : l'on y peut trouver à ajouter ou à retrancher : écrivez-les avec esprit, selon les talents que Dieu vous a donnés, mais sans satisfaction : ce n'est pas-là, ce me semble, votre vice. Parlez innocemment, librement, spirituellement : votre état le demande; je vous dirois autre chose, si vous étiez dans une autre vocation. Mais je ne crois pas me tromper : & j'espere qu'en méprisant le démon de la vanité qui vous attaque, sans rien laisser des choses qui se présentent à faire, à dire ou à écrire, par égard pour ses importunités, vous deviendrez plus libre &

plus forte contre lui, que par les retranchements que vous me proposez. Encore une fois, Madame, moquez-vous de lui ; qu'il regne sur les orgueilleux ; il en est le Roi, comme dit Job. Pour vous, vous serez sous un meilleur maître, vous serez humble au milieu de toutes les attaques du tentateur, vous sentirez les retours des complaisances, vous n'y consentirez pas, ou du moins vous n'y donnerez pas une volonté pleine & entiere. Vous serez quelquefois surprise, mais jamais entiérement livrée. N. S. ne disoit pas, prenez garde de sentir de la vanité dans vos bonnes œuvres : il connoissoit trop l'artifice de nos ennemis & les tentations humaines des enfants d'Adam ; mais, *prenez garde de faire vos bonnes œuvres devant les hommes pour en être regardé : autrement vous n'en recevrez point la récompense de votre Pere qui est dans le Ciel.* Quand vous appercevrez les compliments de l'orgueil, repoussez-les doucement, en disant, non, selon l'avis de St. François de Sales. Un grand Saint, étant un jour en Chaire, fut saisi d'une violente complaisance de vanité, & en même-temps fut frappé d'une pensée que l'ennemi apparemment suggéroit, de descendre de Chaire; mais il connut l'artifice, & lui répondit : *Je ne suis point monté pour l'amour de toi ; je ne descendrai point.* Vous sentez présentement les violentes attaques de l'orgueil, parce que vous n'y consentez plus, comme vous le faisiez autrefois : cet orgueil même vous humilie, & vous sentez mieux le besoin continuel que vous avez de la grace. Je me réjouirai de ce bon effet, & je vous dirai ce qui fut répondu à un grand Apôtre, qui demandoit avec instance d'être délivré d'une tentation que Dieu permettoit, de peur, comme il le dit lui-même, que la grandeur de ses révélations ne lui causât de l'orgueil : ayant prié plusieurs fois le Seigneur, afin que cette Ange de Satan se retirât de lui, il lui fut répondu : *Ma grace vous suffit ; car la vertu se perfectionne dans la foiblesse.* Ne vous découragez donc point : j'espere que la tentation même servira à votre avancement.

Le silence n'est pas pour vous : faites voir que la vertu est gaye, libre, innocente dans ses discours, & ingénieuse à louer Dieu & à édifier le prochain. Oui, Madame, vous avez reçu le St. Esprit : n'en doutez pas, il aidera votre foiblesse, & vous conduira à la perfection : il vous rendra parfaitement humble, charitable, pieuse : vous vous trouverez, dans un an, bien différente de ce que vous êtes. Croyez-vous que l'ouvrage de J. C. ne s'achevera pas en vous ? L'ouvrage des hommes se finit tous les jours : les œuvres du Démon, dit Tertullien, s'accomplissent : & vous n'espéreriez pas que le grand ouvrier, qui est en vous, mettra la derniere main à ce qu'il a commencé ? Je vous conseille fort de vous présenter & de vous offrir à lui, & que ce soit-là une de vos grandes dispositions en tout, principalement à l'Oraison, à la Communion, au saint Sacrifice, humblement recueillie, pleine de confiance ; laissez-vous polir, purifier, perfectionner, selon les mouvements du St. Esprit. C'est trop de quatre heures de prieres de suite avec ce qui suit l'après-midi. Contentez-vous les jours de Communion, de vous préparer par votre méditation du matin, & de la Messe où vous communiez, & d'une autre pour action de grace.

Je reviens à vous dire, que vous ne devez pas prendre sur le repos nécessaire à votre santé, ni sur la tranquillité de votre ame. Ne m'épargnez jamais, Madame, vous ne pouvez me faire un plus grand plaisir, que de me mettre en œuvre pour votre service : je ne puis vous dire combien votre salut m'est précieux, combien je me sens chargé de votre ame, avec quelle liberté je prétends vous dire tout ce qui vous regarde. Je vous assure, que, quoique je ne sois pas Apôtre, (ce qui m'afflige beaucoup) devant être leur successeur, je sens cependant que je donnerois ma vie pour votre sanctification : jugez, après cela, si j'y plaindrois mon temps.

LETTRE XIV.

Conseils particuliers.

Quand vous craindrez de faire vos Confessions par coutume, vous vous précautionnerez par un recueillement particulier. Rien n'est plus utile que la fréquente revue de nous-mêmes. L'amour de J. C. crucifié m'est une preuve certaine du progrès de votre foi. Il vaut mieux prier que lire, au temps d'Offices dans l'Eglise : si on lit pendant la Messe, ce doit être en priant. Laissez tourner votre cœur librement à l'action de graces : Dieu en demande beaucoup de vous. Que les douceurs de la piété vous fortifient, pour en soutenir les amertumes ! J'ai été ravi de voir la maniere dont vous avec reçu le refus du petit Gouvernement (de Niort pour M. de Villette). Quand vous vous sentirez attirée au-dedans, & occupée de quelque besoin particulier, ou pénétrée de quelque myſtere, laiſſez votre méditation ordinaire. L'amour pour la pauvreté eſt excellente : tâchez de vous retrancher pour les pauvres ce que vous pourrez. J'approuve très-fort votre occupation de la mort : elle s'avance vers vous : rien n'eſt ſi ſage que de vous y préparer. Votre fidélité à recourir à Dieu dans l'amertume, & à ſoutenir les renverſements & les contradictions, fera votre ſalut : comptez que vous en aurez plus beſoin que jamais, à meſure que vous approcherez de la mort. Chaſſez loin de vous toute aigreur d'eſprit dans la triſteſſe : retenez vos jugements, vos réſolutions & vos paroles.

La ſenſibilité pour les pauvres, & ce que vous marquez en un endroit de votre oblation à Dieu pour partager leur miſere dans toute ſon étendue, vous reconnoiſſant coupable des péchés qui ont attiré ſur eux ſa colere, eſt une pratique excellente à continuer en ce temps. Votre diſpoſition par rapport aux Conſeſſeurs pour être ſoutenue par eux, & le respect que vous avez pour leur Ministere, viennent d'en haut. C'est un grand secret pour éviter bien des péchés, au temps de la tristesse, que le silence, la lecture & la priere.

Que je suis aise quand vous me dites que vous faites tout tristement mais que vous ne desirez que Dieu, malgré toutes vos miseres! vous ne travaillez pas inutilement, depuis le temps que vous marquez : vous voyez mieux que jamais vos défauts : le desir de les vaincre est grand & sincere travaillez-y avec confiance & avec courage : retenez vos jugements dans vos tristesses & dans vos peines : détournez-vous aussi-tôt, & allez à Dieu, qui ne manquera pas de vous fortifier. Gardez-vous de vous fermer à ceux qui vous conduisent à Dieu : il vaudroit mieux les quitter & en prendre d'autres : la confiance est nulle, si elle n'est sans bornes : autant qu'il m'est donné de vous connoître, vous avez un très-grand besoin d'une conduite simple, cordiale & soumise ; ne changez jamais cette conduite, quand vous changerez de conducteur. Il n'y a rien en mon pouvoir que je ne voulusse faire pour votre satisfaction, & pour vous procurer la paix & la consolation du St. Esprit ; c'est le fond de mon cœur : mon zele ne finira, s'il plaît à Dieu, jamais: il se fera un bonheur du vôtre, & je le porterai dans l'éternité.

Dieu vous pardonnera votre vivacité ; mais ne vous pardonnez jamais le dépit, l'inégalité, la vanité, les jugements peu favorables, les paroles contre la charité, l'impatience volontaire. Si vous aviez fait tort à votre prochain en quelque discours, réparez-le toujours, demandez-en pardon à Dieu, & vous en confessez. Dieu ne retirera pas sa miséricorde de dessus vous, si vous ne vous retirez pas de la priere. O que votre état en a besoin! vous ne monterez pas au sommet de la sainte Montagne, sans l'effort de vos prieres. Vos redditions sont très-bien : je n'y vois rien à ajouter. Courage, efforcez-vous d'entrer par la porte étroite: peu y entrent : *Il est plus aisé à un chameau*, &c. je frémis à ces paroles : si l'homme les avoit prononcées, je les croirois hyperboliques; mais c'est Dieu, qui n'exagere jamais.

LETTRE XV.

Sur la sensibilité permise aux Chrétiens.

Vous n'êtes point appellée, Madame, à l'indifférence : ceux que Dieu a fait naître pour les autres, ne doivent point s'étudier à s'avancer dans cette vertu : il faut qu'ils ayent des entrailles de tendresse : vous êtes une mere : vous êtes dans le sein de votre famille, & jamais mere n'en eut une plus belle : St. Cyr & la France. Les besoins de l'Eglise vous doivent toucher sensiblement. Votre perfection n'est donc pas l'indifférence ; mais, au contraire, l'amour, le zele, les desirs, la priere, le travail, la vigilance. Vous ne devez tendre tout au plus qu'à la soumission & à la résignation dans les événements tristes de cette vie. Ne soyez pas plus parfaite que les Apôtres & Notre-Seigneur. St. Paul pleure avec ceux qui pleurent, & se réjouit avec ceux qui sont dans la joie : il porte toujours dans son sein une sollicitude sans relâche pour toutes les Eglises : il brûle d'un saint zele pour tous ceux qui sont dans la souffrance & dans l'infirmité. Notre souverain Maître pleure le Lazare & Jérusalem : il est triste jusqu'à la mort, & détourne par ses vœux le Calice de sa Passion : il se contente de se résigner à la volonté de Dieu touchant cet événement : *Que votre volonté soit faite !* dit-il à son Pere.

Je vous conseille, Madame, de ne vous pas laisser aller à la tristesse : ayez courage & confiance ; Dieu accordera à vos prieres & à celles de l'Eglise, la paix, votre salut, celui du Roi, & la conversion de tant de personnes qui seront touchées par votre exemple. La vie n'est donnée que pour le salut : il faut l'employer toute entiere pour un si grand bien : tout le reste n'est que vanité & une vraie perte. Dieu ne demande de vous, que d'y donner vos soins, votre secours, vos prieres : c'est à lui à opérer cette merveille. *Le salut des Justes vient du Seigneur*, dit l'Ecriture : *il sera leur protecteur au temps de la tribulation*. Il sera votre soutien & votre consolation, si vous ne cessez de vous confier en lui & de l'invoquer dans vos plus pressants besoins. Si j'étois assez heureux pour pouvoir vous aider à porter le poids qui tombe sur vous, je ne m'y épargnerois pas, & je prendrois volontiers sur moi toute la tristesse de votre état, pour vous laisser la joie, la liberté, la confiance qui vous sont nécessaires pour faire les grands biens que Dieu demande de vous, dans l'état où il vous a mise par une espece de miracle, qui vous montre les vues qu'il avoit sur vous.

LETTRE XVI.

Sur la persévérance.

J'Ai lu vos deux redditions : j'en suis très-content : vous avancez, malgré vos infirmités. Je crois que Dieu veut vous purifier comme l'or dans le creuset : il est admirable dans sa conduite envers ses élus, & vous êtes de ce nombre. Ces brebis choisies, qui forment le troupeau du souverain Pasteur, écoutent sa voix, & le suivent : elles ne s'en sépareront jamais, & rien ne les lui enlevera. Vous résistez aux dangers, aux dégoûts, aux contradictions, à l'accablement, à la maladie. Courage donc, Madame! persévérez jusqu'à la fin : le salut, qui a tant coûté à J. C., sera la couronne de votre persévérance. Labourez, autant que vous pourrez, auprès des grands :

A MAD. DE MAINTENON. 67

Dieu donnera l'accroiſſement à votre travail, quand il voudra : mais votre labeur, tout inutile qu'il puiſſe être par rapport à eux, ſera d'un grand fruit pour vous. Je ne ſuis pas ſurpris que Dieu, qui vous ſoutient dans les grandes occaſions, vous laiſſe tomber dans l'impatience pour des bagatelles : le juſte ne peut ſe ſéparer de Dieu : mais il tombe en de légeres fautes par fragilité. Vous êtes tellement à Dieu par reconnoiſſance & par amour, que vous ne vous en ſéparerez jamais : vos fautes journalieres & vénielles vous rendront plus humble, exciteront votre componction, & ranimeront vos prieres.

LETTRE XVII.

Sur les plaiſirs de la Cour.

Pourquoi vous êtes-vous, Madame, abandonnée à un ſi grand trouble ? vous n'avez point fait d'offenſe mortelle : & je crois même que vous avez pu faire ce que vous avez fait. Les raiſons que vous marquez, ſont ſi importantes, qu'elles ſuffiſent pour vous juſtifier. Le pays, où vous êtes, ne laiſſe pas la liberté d'y établir la régularité des familles Chrétiennes, ni d'en bannir tous les divertissements que vous déplorez. L'excès de sévérité banniroit peut-être bientôt toute piété du cœur de ces jeunes Princes, & les jetteroit dans d'autres grands maux, que votre bon esprit vous fait craindre avec raison. St. Yves de Chartres dit, que quand la charité nous fait incliner à une condescendance, que des raisons probables nous font croire n'être pas mauvaise en soi, on ne peche point, parce que la charité & la raison nous conduisent. Croyez donc, Madame, que vous n'avez pas péché, en proposant au Roi de discuter avec Monseigneur ce qu'il demandoit par vous. Sa Majesté a des raisons de tolérer de pareils plaisirs : & les tempéraments que vous vouliez insinuer, en auroient diminué le danger.

Pour la pensée de chagrin & de peine, qui alla jusqu'à vous tenter d'abandonner tout, je suis persuadé qu'elle étoit hors de votre volonté, & que votre consentement n'y avoit point eu de part, puisque vous sentites, au seul mol d'abandon, un amour si vif pour Notre-Seigneur. Vos vrais motifs, Madame, sont l'union du Roi & de Monseigneur, & la réputation de Madame la Duchesse de Bourgogne, aussi-bien que sa sûreté : vous devez croire que ce sont ces grandes raisons qui vous déterminent à leur complaire dans les choses que vous ne croyez pas absolument mauvaises. Il est bon qu'on ne vous charge pas de tout ce qui contraint & désespere peut-être les jeunes Princes : il est bon que vous soyez toujours en état par leur confiance de les rapprocher du Roi, il est bon qu'ils ne se révoltent pas contre la piété, qu'ils ne se séparent pas du Roi, & qu'ils ne soient pas tentés d'aller chercher ailleurs ce qui leur donneroit infailliblement la mort. Le trop grand zele pour le *bien* peut faire de très-grands maux dans le lieux où vous êtes. Renvoyez le *mieux* à d'autres temps.

La raison, conduite par une droite intention, nous est donnée pour nous déterminer en certaines occasions obscures, où il faut peser les inconvénients avec les suites. Nous ne voyons souvent ici les objets que sous une énigme & dans un demi-jour : il est, cependant, nécessaire de prendre son parti. Quand, tout considéré, on a pris celui qu'on a cru le meilleur, où il y avoit le moins de dangers & d'inconvénients, il ne faut plus se laisser aller aux doutes, qui ne doivent pas l'emporter sur les raisons de sagesse par lesquelles on s'est décidé. Gardez-vous donc bien, Madame, de vous entretenir plus long-temps dans votre trouble. Vous avez pu proposer au Roi ce que vous lui avez exposé, de la part de Monseigneur, pour la mascarade qui se devoit faire à Versailles. Votre Confesseur convient lui-même que vous n'avez pas fait de faute considérable, & je ne crois pas que vous en ayez fait aucune. J'ai toujours appréhendé de vous donner des décisions trop séveres, parce que je connois la droiture de votre cœur, & les embarras du lieu que vous habitez : il faut y tolérer souvent des choses qu'on interdiroit ailleurs. Il ne faut pas, Madame, que vous vous retiriez de ces propositions-là. Je pense que votre Confesseur en conviendra, quand il aura pesé les inconvénients. J'aurai l'honneur de vous voir Dimanche. Je regarde comme un scrupule ce qui vous a troublée : bannissez ces inquiétudes, elles vous rétrécissent le cœur, & vous ôtent la liberté & la lumiere dont vous avez besoin dans votre état, selon ces paroles du Prophete : *La crainte & le tremblement sont venus fondre sur moi, & les ténebres m'ont environné.*

LETTRE XVIII.

Sur l'amour-propre, &c.

J'Ai lu, Madame, vos redditions. J'en suis bien consolé : je vois que vous ne vous endormez pas, & que vous avancez à mesure que votre salut approche. Le sentiment n'est pas toujours le même : mais toujours la même volonté & le même desir d'avancer. Je ne doute point que Dieu n'ait accompli en vous cette promesse, *Si quelqu'un m'aime, mon pere l'aimera : nous viendrons à lui, & nous ferons notre demeure en lui.* Avoir le péché en horreur, le monde en mépris ; être au-dessus de ses erreurs, de ses vaines espérances ; mettre son trésor dans le Ciel, sa fin derniere en Dieu, sa confiance en J. C. ; servir Dieu en paix ; être délivrée des remords qui bourrelent les mauvaises consciences ; se reprocher la moindre tiédeur : vivre de la priere, des Sacrements, des bonnes œuvres, de l'amour de Dieu ; souffrir en patience la vie, attendre la mort avec confiance ; desirer le regne & l'avénement de J. C. ; porter sa gloire & sa croix devant les

Rois & les Princes de la terre ; répandre par-tout cette odeur de vie, dans les lieux même que les méchants remplissent d'une odeur de mort ; persévérer, depuis quatorze ans que j'en ai connoissance, dans l'exercice de ces vertus; joindre à tout cela une attention continuelle aux intérêts de la foi, des pauvres, de l'Eglise, de l'Etat, du Roi, ce n'est pas-là l'effet d'une grace passagere, mais de la présence habituelle & de la demeure du Dieu de toute grace & de toute consolation. Louez Dieu, Madame, & remerciez-le de toutes vos forces, & dites après la Ste. Vierge : *Le Tout-puissant a fait en moi de grandes choses, il a regardé la bassesse de sa servante.*

Vous êtes souvent triste, mais vous faites de votre mieux pour ne pas succomber : vous portez avec courage toutes vos croix : c'est un grand point dans la Vie Chrétienne. Je me réjouis de voir qu'une de vos craintes ordinaires soit d'être trop aimée du Roi, trop considérée de toute la Cour, trop exposée aux respects & à la complaisance de tout le monde. Tant que le monde sera votre croix, il ne vous séduira pas. Les méditations sur la mort, qui troublent si fort les mondains, vous consoleront avec tous

tous les enfants de Dieu qui defirent leur Pere.

Vous ne fentez pas les effets de la Communion : auſſi ne ſont-ils par viſibles, comme les choſes qui tombent ſous nos ſens : mais vous avez en vous la vie, qui eſt le principal fruit : *Comme je vis pour mon pere*, &c. Et encore : *Celui qui mange ma chair*, &c. : & vous devez bientôt attendre celui-ci : *Qui mangera le pain, vivra éternellement.* Vous fréquentez ce Sacrement, ſelon les invitations que vous en ont fait les ſerviteurs du grand Pere de famille ; mais vous y portez la robe nuptiale, vous ne vous en dégoûtez point, vous n'y tombez point dans la familiarité qui engendre le mépris & la négligence, comme les ames vaines & diſſipées qui y vont par routine.

Vous craignez la ſouffrance ; mais vous vous y offrez, & vous mettez votre confiance en Dieu qui connoît votre foibleſſe, & qui certainement ne permettra pas que vous en ayez au-deſſus de vos forces, mais qui achevera par-là ſon œuvre en votre cœur.

Vous deſirez la mort par haine pour le monde ; mais vous ne haïriez pas le monde, juſqu'à deſirer la mort, ſi vous n'aimiez Dieu plus que toutes les choſes

Tome IX.   D

de ce monde. Vous priez beaucoup : vous avez un grand defir d'être fainte, & quelquefois votre ferveur fe fait fentir extraordinairement à vous : vous offrez beaucoup à Dieu pour les affaires générales, & fur-tout pour celles auxquelles vous prenez un intérêt particulier. *Vous conservez encore néanmoins des imperfections qui vous attristent : vous desirez encore d'être aimée, & vous n'avancez guere, dites-vous, dans le renoncement à vous-même.* Il ne faut pas defirer d'être haïe : & dans la place où vous êtes, je ne defire pas pour vous, que vous foyez oubliée. Mais defirez d'être aimée comme Dieu le veut, & pour le faire mieux aimer : les perfonnes publiques doivent être aimées pour faire mille biens. Ne croyez pas, Madame, que le renoncement évangélique confifte à ne vous point aimer, & à n'être point aimée. St. Auguftin vous dira, Madame, qu'il faut prefcrire à l'homme la regle de l'amour, c'eft-à-dire comment il fe doit aimer d'une maniere qui lui foit utile : car c'eft une folie de douter qu'il doive s'aimer de cette forte : il faut encore lui apprendre comment il doit aimer fon corps, en lui donnant fes befoins d'une maniere fage & réglée. Celui-là vit juftement & faintement, qui fait eftimer cha-

que chose selon sa valeur : & celui-là le fait & a une charité bien réglée, qui n'aime point ce qu'il ne faut point aimer, qui aime ce qu'il faut aimer, qui n'aime pas trop ce qu'il faut peu aimer, & qui n'aime pas également ce qu'il faut plus ou moins aimer. Je veux encore rapporter ici, pour votre plus grande instruction, ce que dit St. Bernard sur la même matiere. » Donnez-moi, dit-il, un homme
» qui aime Dieu de tout son cœur, le
» prochain, en tant qu'il a de l'amour
» pour Dieu, & ses ennemis comme les
» pouvant aimer quelque jour; qui ait
» une affection plus tendre & plus natu-
» relle pour ceux dont il a tiré sa nais-
» sance temporelle, à cause de la liaison
» du sang, & une affection plus abon-
» dante pour ceux qui sont instruits dans
» la piété, à cause de l'excellence de la
» grace qu'il a reçue par leur moyen ;
» un homme qui se porte vers toutes les
» autres choses par un amour de Dieu,
» réglé selon la sagesse, qui méprise la
» terre, aspire au Ciel, use du monde
» comme n'en usant pas, qui discerne
» par un goût intérieur les choses dont
» il faut jouir de celles dont il faut sim-
» plement user, en ne s'appliquant aux
» choses passageres que passagerement, &

D ij

» autant qu'il est nécessaire pour en tirer
» l'usage dont il a besoin, mais en se
» portant aux choses éternelles par un
» desir éternel : donnez-moi, dis-je, un
» tel homme, & je ne ferai point difficulté de l'appeller sage, parce qu'il
» goûte les choses selon qu'elles sont, &
» qu'il peut dire, avec vérité & sûreté,
» que Dieu a ordonné la charité en lui ".

Le péché, ce qui y conduit, les passions, la concupiscence, l'ignorance de nos devoirs, l'erreur, l'hérésie, la cabale qui les soutient, les guerres de l'Etat, l'accablement des peuples qui leur ôte la piété, qui les porte au murmure, à l'injustice, toutes les tentations du Diable pour nous perdre, voilà ce qu'il ne faut pas aimer. Ce sont ces maux dont nous demandons d'être délivrés dans l'Oraison Dominicale. Tout le reste qui tend à notre utilité, à celle du prochain, à la gloire de Dieu, doit être aimé selon l'ordre de la charité.

Ainsi, selon les instructions des Sts. Peres, la vraie charité consiste à rejetter tout ce qui est un vrai mal, à n'aimer que ce qui doit être aimé, les biens du corps selon que l'Evangile permet de les aimer & d'en user, leur préférer les biens de l'ame, entre ceux-ci avoir une prédilection pour les meilleurs, c'eſt-à-dire pour ceux qui vont le plus à notre ſanctification & à la gloire de Dieu. Aimez Dieu pour l'amour de lui-même, & tout le reſte par rapport à lui : ſouvenez-vous de cette maxime très-certaine de St. Auguſtin : » Celui-là, Seigneur ! vous aime » moins qui aime quelque choſe hors de » vous, qu'il n'aime pas pour l'amour » de vous. » Et c'eſt-là la doctrine de St. Paul, que vous reconnoiſſez pour un Auteur qui ne trompe point.

Les Sts. Peres remarquent qu'il y a des juſtes qui ont ſouvent beſoin des motifs de la crainte : d'autres ſont encore aſſez foibles pour avoir beſoin de s'animer très-ſouvent par les eſpérances des biens temporels ou ſpirituels qui ſont diſtingués de la jouiſſance de Dieu même : d'autres enfin, qui n'agiſſent ordinairement que par un pur motif de l'amour de la poſſeſſion de Dieu même. Ils appellent les premiers, des eſclaves, parce qu'ils ſont trop touchés des peines qui conduiſent ordinairement les eſclaves : ils donnent aux ſeconds le nom de mercénaires, parce que les récompenſes qui ſont hors de Dieu, & qui ſont une eſpece d'intérêt diſtingué de Dieu, ont encore trop d'aſcendant ſur leur cœur;

les troisiemes sont appellés enfants, parce que c'est le caractere des enfants d'aimer leur pere, & de prévenir ses desirs. Les Sts. Peres néanmoins, qui ont mis ces esclaves & ces mercénaires au nombre des justes, ont supposé qu'ils étoient disposés à ne pas abandonner la voie de Dieu, quand il n'y auroit point d'Enfer, ni de Paradis : car, sans cela, ils ne seroient pas justes, quoiqu'il soit vrai qu'ils n'obéiroient pas si facilement & si parfaitement aux commandements de Dieu, si ces motifs intéressés de crainte & d'espérance ne les animoient. Quant aux enfants & aux épouses, le motif qui les touche le plus ordinairement & le plus tendrement, c'est le pur amour de Dieu : ils disent avec le Prophete : *Qu'est-ce que je veux dans le ciel & sur la terre, sinon vous ? vous êtes le Dieu de mon cœur, & mon unique partage pour jamais.* Ils ne sont pas sans crainte : mais ils n'ont ordinairement que celle que l'Ecriture dit devoir demeurer dans le siecle des siecles, c'est-à-dire, cette crainte chaste, la crainte de ne pas aimer, la crainte d'offenser, qui est cependant sans trouble, parce qu'on sent par la grace qu'on ne se séparera jamais de Dieu : ce n'est pas la crainte de la peine qui fait frémir si souvent les esclaves. Les enfants ne sont pas sans récompense; mais cette récompense est Dieu même : c'est celle dont le Prophete David vient de parler: *Le Dieu de mon cœur est mon partage pour toujours.* C'est-là cette grande récompense que Dieu proposa à Abraham, le pere des parfaits & le modele des vrais enfants : *Je serai moi-même son excessive récompense.* St. Paul étoit un vrai enfant : il vous montre la voie que vous avez à suivre : il ne craignoit que de perdre J. C. : il n'aspiroit qu'à le posséder : il n'avoit d'amour que pour lui, & par rapport à lui : *Qui nous séparera de l'amour de J. C.?* dit-il aux Romains : *sera-ce la tribulation, la souffrance, &c.* Ni la crainte, ni l'espérance des esclaves & des mercenaires ne remplira cette grande ame : J. C. est son trésor, sa consolation, sa récompense, sa crainte, son espérance, son amour, sa science, sa sagesse, sa gloire, sa force, son tout. Heureux Apôtre, à qui tout paroît une perte en comparaison de J. C! *Ce que je considérois autrefois comme un avantage,* dit-il, *me semble, à cause de J. C., une perte : tout me paroît un désavantage à cause de cette haute connoissance de J. C., pour l'amour duquel je me suis privé de toutes choses.*

Si nous avons certaines obscurités en cette vie, & qu'il soit de notre perfection d'en être éclairés, Dieu nous découvrira ce que nous en devons savoir dans la suite. Profitons, en attendant, des connoissances où nous sommes parvenus, & demeurons fermes dans les saintes regles que Dieu nous a révélées. Il me semble, Madame, que St. Paul vous parle ici au cœur : regardez tout comme rien en comparaison de J. C. ; tâchez d'user, pour votre avancement, de ce que vous connoissez déja, & de ce que vous goûtez. Oubliez ce qui est derriere vous, & vous avancez vers ce prix éternel, qui est Dieu même. Aimez-le, possedez-le, glorifiez le autant qu'il est permis à une créature, pour toute l'éternité. S'il vous manque quelques nouvelles lumieres, Dieu vous fera connoître & goûter bientôt tout le reste.

Vous êtes, je vous assure, au premier rang des justes ; vous êtes enfant : vous aimez Dieu purement, gratuitement : vous le serviriez de tout votre cœur, quand il n'auroit fait aucune menace, ni promis aucune récompense. J'ai toujours remarqué dans votre attrait ce sentiment d'enfant : voici le temps de s'avancer. J. C. s'avance à nous : il veut vous confoler : n'aimerez-vous pas de plus en plus celui qui vous a tant aimée, qui vous a prévenue, qui veut être aimé de vous fans mefure, qui ne vous demande rien tant que votre amour, qui, pour fe faire aimer de vous, s'eft fait femblable à vous ? dites-lui mille fois que vous l'aimez, & que vous ne voulez plus rien qu'en lui & pour lui tous les jours de cet Avent. Un demi-amour eft une infulte pour qui veut votre cœur tout entier : & celui qui le veut, a droit de le vouloir.

LETTRE XIX.

Sur les affujettissements.

JE fuis fort aifé, Madame, d'apprendre que vous trouvez enfin le moyen de vous réferver des heures de folitude. *Ouvrir la porte fort tard, comme fi l'on étoit encore à dormir, chercher un afyle hors de chez foi,* voilà de bons moyens pour fe garantir de tous les importuns. Dans le refte du jour, vous pouvez abréger avec certaines gens qui ne cherchent qu'à vous amufer, ou qu'à vous jetter dans leurs affaires au-delà des regles. A l'égard des chofes journalieres qui font attachées à vos devoirs, ou des occasions de pure providence, quoiqu'elles soient incommodes & dissipantes, il n'y a qu'à les souffrir en paix. C'est une grande consolation de pouvoir penser que Dieu se cache sous l'importun, comme il se cache sous les amis les plus édifiants. Sous la figure de l'importun il faut regarder Dieu qui fait tout, & qui n'est pas moins attentif à nous mortifier par l'importunité, qu'à nous instruire, & à nous toucher par les bons exemples. L'importun que Dieu nous envoye, sert à rompre notre volonté, à renverser nos projets, à nous faire desirer avec plus d'ardeur le silence & le recueillement, à nous détacher de nos arrangements, de notre repos, de nos commodités, de notre goût, à humilier notre esprit pour s'accommoder à celui d'autrui, à nous confondre toutes les fois que la patience nous échappe dans ces contre-temps, à exciter dans nos cœurs une faim plus grande de Dieu, pendant qu'il semble s'éloigner de nous à cause de cette agitation. Ce n'est pas qu'il faille s'agiter & s'exposer jamais, par son propre choix, aux compagnies qui dissipent. A Dieu ne plaise! Ce seroit tenter Dieu, & chercher le péril. Mais pour les assujettissements de providence, contre lesquels on se précautionne en se réservant des heures de lecture & de priere, comptez, Madame, qu'ils vous sont utiles. Tout ce qui est dans la main de Dieu y fructifie. Souvent même les choses qui vous font soupirer après la solitude, vous sont plus nécessaires pour vous humilier & pour mourir à vous-même, que la solitude la plus profonde. Marchons, selon que Dieu nous mene : mettons chaque moment à profit, sans regarder ni le moment passé, ni le moment à venir. Quelquefois une lecture merveilleuse, une méditation fervente, & une conversation dont vous serez charmée, flatteroit votre goût, vous rendroit contente & pleine de vous-même, vous persuaderoit que vous êtes bien avancée, & en vous donnant de belles idées sur les croix, ne feroit que vous rendre plus hautaine & plus sensible contre celles que vous trouveriez sur vos pas, au sortir de tous ces saints exercices. Tenez vous donc, Madame, à cette regle simple : ne tirez rien qui vous dissipe ; mais supportez en paix tout ce que Dieu vous donne, malgré vous, pour vous déranger. Quelle illusion ! on cherche Dieu bien loin dans des projets éloignés ; peut-être impossibles, & on ne songe pas qu'on le possede dès-à présent, au milieu des embarras, dans un esprit de foi, pourvu qu'on y supporte humblement & avec courage, l'importunité des créatures, & ses propres imperfections. Je n'ai qu'une chose à vous dire sur l'amour du prochain ; c'est que l'humilité seule vous rendra traitable là-dessus. La vue seule de vos miseres peut vous rendre compatissante & indulgente pour celles d'autrui. Vous me direz, que l'humilité doit produire le support du prochain ; mais qu'est-ce qui produira l'humilité ? deux choses, mises ensemble, la produisent : ne les désunissez jamais. La premiere, est la vue de l'abyme de misere d'où la puissante main de Dieu vous a tirée, & au-dessus duquel il vous tient encore comme suspendue en l'air : la seconde, est la présence de ce Dieu qui est tout. Ce n'est qu'en voyant Dieu, & en l'aimant sans cesse, qu'on s'oublie soi-même, qu'on se désabuse de ce néant qui nous avoit ébloui, & qu'on s'accoutume à s'appetisser avec consolation devant cette haute Majesté qui engloutit tout. Aimez Dieu, & vous serez humble : aimez Dieu, & vous ne vous aimerez plus vous-même : aimez Dieu, & vous aimerez tout ce qu'il veut, parce que vous aimerez pour l'amour de lui.

LETTRE XX.

Conseils sur le Roi, sur l'Eglise, & sur St. Cyr.

JE craindrois que Dieu ne vous eût élevée pour vous faire tomber de plus haut, s'il ne semoit votre chemin de plusieurs épreuves. Mais allez toujours avec une humble soumission à votre devoir, & dites avec confiance comme David : *Dieu est ma force dans les tribulations excessives qui m'ont environnée : c'est pourquoi je ne craindrai pas, quand la terre seroit renversée.* Je ne doute pas que Dieu ne vous soutienne & ne vous sanctifie extraordinairement dans vos infirmités & dans les dégoûts que votre zele pour le Roi, votre amour pour le bien de la Religion & de l'Etat, votre sincérité & votre vertu vous attireront de la part des méchants ou des envieux. Le monde admirera, malgré lui, en vous ce qu'il n'est pas capable de pratiquer : & répandra à la fin sur vous la joie & la paix qu'il promet aux siens, & que les fortunes du siecle, ne peuvent donner. Vous serez l'asyle du Roi, son conseil, sa consolation, son

Ange Gardien, que Dieu lui a envoyé visiblement pour son salut. Quelle joie de vous sauver avec celui à qui vous devez tout, après Dieu ! Vous le défendrez des pieges qu'on lui tend de toutes parts, des ennuis de sa place, de l'impatience dans les traverses, dans les maladies ; & votre société que Dieu a formée par un miracle, & qu'il cimente & affermit tous les jours pour le bien de celui auquel vous êtes envoyée, le préservera de la mort, où il seroit peut-être tombé sans vous, au grand préjudice de la Religion & de l'Etat. Vous servirez l'Eglise : je craindrois quelquefois pour vous, si vous ne craigniez rien ; mais puisque vous appréhendez d'en faire trop & de n'en pas faire assez, Dieu vous conduira par-là au parti de la sagesse. Vous êtes dans une route où l'on ne peut s'égarer : vous vous attachez à la vérité déclarée & décidée par l'Eglise, en vous déclarant contre le parti qu'elle condamne. Ce qui restera d'obscur sur les personnes, s'éclaircira par les moyens sages que vous prenez ; les choses éclatent ; & jusqu'ici il me paroît que la lumiere & la vérité ont conduit vos pas. Quand vous connoîtrez l'intérêt de la Religion, vous ne devez rien lui préférer. Il faut toujours faire le bien avec sagesse & avec circonspection; le progrès du mal est certain; les remedes qui le pallient l'étendront encore. Qu'on compare les Dioceses où l'on veille avec fermeté & avec sagesse, à ceux où la tolérance & un esprit de paix mal-entendu, a laissé l'ennemi se fortifier & s'avancer; la différence est du tout au rien. Par rapport à ceux qui ont l'honneur de vous appartenir, vous prenez le conseil de la sagesse : je ne crois pas que Dieu vous ait rendu grande pour vous affoiblir avec eux. Vous vous élevez non-seulement au-dessus de votre place, mais au-dessus de vous-même, en continuant à ne point céder à la chair & au sang, quand Dieu, ou leur salut le demanderont de vous. Souvenez-vous de ces paroles de l'Evangile de Noël : *Dieu a donné le pouvoir d'être faits enfants de Dieu, à ceux qui ne sont pas nés du sang, ni de la volonté de la chair, ni de la volonté de l'homme, mais de Dieu.*

Quant à celui, Madame, que vous honorez de votre confiance & de vos bontés, il vous sera dévoué sans réserve tant qu'il vivra : rien ne lui fera jamais plus de plaisir, que de pouvoir vous soulager, vous soutenir dans vos peines & dans l'accomplissement des grands desseins de Dieu sur vous. Ne m'épargnez pas, Madame : Apollon est à vous, & vous êtes à Dieu.

St. Cyr devroit vous consoler, & vous ne devez pas craindre de le déranger : vous l'avez fait, après Dieu, ce qu'il est : votre ombre le tien dans la regle : vous y avez tout pouvoir, spirituel comme temporel : & l'on peut vous défier de rien faire qui soit contraire au bien général ou particulier de cette communauté. Vous devez y mener sans contrainte les personnes de dehors qui peuvent vous délasser, vous amuser, & faire venir celles de vos filles qui vous soulageront & vous plairont le plus : il faut les accoutumer à suivre le mouvement de leur vraie mere : & ce sera un grand châtiment pour elle, quand vous vous y contraindrez au préjudice d'une santé d'où dépend l'affermissement de tout le bien que Dieu y a mis jusqu'ici. Je vous souhaite, Madame, la paix abondante que Dieu promet aux ames de bonne volonté. Car je sais très-certainement que vous êtes de ce nombre.

LETTRE XXI.

Consolations dans les malheurs de l'Etat.

IL faut bien, Madame, être soumise au bon plaisir de Dieu, dans tous les événements de cette vie : votre résignation me console des peines que vous souffrez de toutes parts, parce qu'elle vient de la grandeur de votre foi, & qu'elle est une assurance du progrès que vous ferez dans l'adversité, & de la récompense qui vous attend dans l'éternité. Dieu vous fait sentir, par expérience, combien la gloire de ce monde est fragile, afin que vous ne cessiez point de retourner vers les biens solides, qui ne passeront jamais. Vous voyez notre nation déshonorée, le Prince pieux (M. le Duc de Bourgogne) que vous aimez, exposé encore aux discours injurieux des libertins & des insensés, le Roi à qui vous voudriez épargner tant de nouvelles peines, tant d'afflictions, les suites importantes de nos disgraces. Si Dieu n'y met la main, tout cela met votre bon cœur à une grande épreuve. Ne nous lassons pas, Madame, de recourir à

Dieu avez inſtance, comme à notre Pere. Il ne ſouffrira pas qu'une nation, qui lui eſt conſacrée par la Religion, ſoit pouſſée au-delà de ſes forces. Demandons-lui qu'il ne laiſſe pas triompher de ſon héritage les hérétiques, qu'il maintienne la Religion dans le Royaume, & qu'après nous avoir humiliés, & vengé les injuſtices dont nous ſommes coupables, il nous donne la paix pour la gloire de ſon nom. Tâchez, Madame, de ne point perdre de vue ce Royaume de J. C. qui s'élevera ſur la ruine de tous les Empires de la terre. Ne ſouffrez pas que votre ame s'endorme par la triſteſſe & par l'accablement des peines de cette vie. Le jour de J. C. luit ſur vous par la foi : marchez toujours à cette lumiere : notre ſalut s'avance; & il eſt plus proche de nous, que lorſque nous avons commencé. Armez-vous des vertus, qui ſont les armes de lumiere, dont St. Paul nous parle aujourd'hui dans l'Epître : elles ſont néceſſaires en tout temps : & faites ſi bien, Madame, pour votre union continuelle avec J. C., qu'il ſoit l'habillement intérieur de votre ame, & votre vêtement au-dehors; en ſorte que vous puiſſiez dire, autant que votre état & votre foibleſſe le peut porter : *Je ne*

vis plus, *mais c'eſt J. C. qui vit en moi.*
Il vient à vous, vous donner un nouvel
être, ou perfectionner le nouvel être qu'il
vous a déja donné. Courez au-devant
de lui pour le recevoir. Quelle perte que
nous faſſions dans nos diſgraces, vous ſerez bien dédommagée, ſi vous ne perdez rien des dons de Dieu, & ſi vous
vous mettez en état d'en recevoir de nouveaux. Je vous les ſouhaite comme à
moi-même : mais j'ai bien plus de confiance que vous en ſerez remplie que moi :
vous irez en Paradis, Madame, j'eſpere
y aller avec vous. Je le ſouhaite très-
ardemment : la vie préſente nous eſt donnée pour y arriver : elle eſt comme la
ſemence de la vie future : celle qui aura
ſemé ici-bas avec pleurs, moiſſonnera
avec des tranſports de joie : ne vous découragez donc jamais; ſupportez patiem-
ment les ſouffrances que Dieu vous envoye, dans l'eſpérance du fruit que vous
en recueillerez infailliblement : ne voyez-
vous pas que le laboureur attend avec
patience que la terre lui produiſe le fruit
de ſon travail ? ce fruit eſt pourtant plus
incertain que la moiſſon que vous attendez. *Heureux*, dit David, *celui qui,
étant aidé de la grace, ſe fait des degrés
dans ſon cœur pour s'élever à la perfection*

en cette vallée de larmes & de misere! le Dieu des armées mettra fin à nos divisions! il brisera les arcs, les fleches & les épées, & nous comblera d'une paix que rien ne pourra troubler. Il a dans sa main droite des bénédictions inexplicables pour vous dans les siecles des siecles, pourvu que vous soyez inébranlable dans le vœu que vous avez fait de le préférer à tout, & de vivre & mourir pour lui : vœu qu'on regarde dans le monde comme une perfection, & qui n'est pourtant que notre premier devoir.

LETTRE XXII.

Sur la Communion fréquente.

JE suis ravi, Madame, du desir que vous avez de profiter du temps. Un des caracteres les plus remarquables des élus de Dieu, c'est l'attente de l'éternité & le détachement des choses qu'il nous faut quitter. Vous appréhendez d'être trompée & de tromper; que votre piété ne soit pas vraie, & que votre paix ne vienne du plaisir de faire votre volonté. Les fausses vertus ne sont ordinairement que dans les hypocrites & dans les sages mondains : vous n'avez jamais été des premiers, & vous avez quitté les derniers de très-bonne foi. Tout le plaisir du monde est celui de faire sa volonté : ce plaisir ne peut donner cette paix qui surpasse tout sentiment humain, que vous avez au fond du cœur. Le monde ne la peut donner, quelque promesse qu'il en fasse : c'est le fruit du St. Esprit : la vôtre vient de cette source pure qui a purifié le fond de votre conscience : rien ne peut vous l'ôter que le péché.

Vous êtes triste lorsqu'on vous contraint : tâchez, le plus que vous pourrez, d'être égale : ce sont les mortifications de votre état. Souffrez d'être liée pour Dieu, d'être gênée, & d'être mise à la torture, s'il le faut, pour la gloire de Dieu. Vous comprendrez bien que cela ne doit pas être continuel, à moins que ce ne fût une nécessité indispensable. La vapeur, qui vous a duré quatre heures, m'engage à vous dire qu'il ne vous faut pas de trop longues prieres. Votre santé n'est pas forte, & vous la devez partager entre plusieurs exercices de piété. Mais quand vous prierez, faites-le de tout votre cœur : il en est du commandement de la priere comme de celui de l'amour de Dieu : vous prierez donc Dieu de tout votre esprit, de tout votre cœur, & de toutes vos forces. J'ai grande envie de voir croître en vous l'esprit de priere : faites-la régulièrement & ferventment tous les jours, selon la mesure qui vous est marquée, & par des élévations courtes vers Dieu. Vous y pourrez donner une demi-heure de plus quand vous serez à St. Cyr. Notre pauvreté vient de ce que nous ne demandons pas assez, & que ce que nous demandons, nous ne le demandons pas fortement. Je vous vois, graces à Dieu, du nombre de ceux à qui Dieu a dit par Isaïe : *Vous l'invoquerez, & il vous écoutera.* Rien n'est de plus marqué dans l'Ecriture que ses yeux sont sur les justes, & que ses oreilles sont ouvertes à toutes leurs prieres. C'est donc, Madame, à la priere où vous aurez recours en toutes rencontres, surtout dans la séparation que vous allez souffrir. La priere sera votre premiere & principale consolation ; elle sera votre conseil, votre force, votre lumiere, & votre soutien dans la tristesse & dans la joie, dans la prospérité & dans l'adversité. Vous aurez toûjours de la peine de vos péchés cachés ; ne vous lassez pas d'en demander pardon à Dieu : ceux qui sont ordinairement les plus cachés, sont ceux d'autrui; David les joint ensemble dans le pardon qu'il en demande : *Purifiez-moi, Seigneur, de mes péchés cachés, & pardonnez-moi les offenses d'autrui, dont je suis coupable.* Vos péchés diminuent : ils sont moins sensibles, moins dangereux que jamais : & Dieu vous les pardonnera aisément, si vous recourez à lui avec humilité & avec confiance. Tant que vous craindrez les péchés que vous ne connoissez pas, il sera bien difficile que vous fassiez de plein gré ceux que vous connoîtrez. Souvenez-vous que Dieu pardonne facilement les fautes vénielles, quand on ne s'y habitue pas. Il n'a pas dit : *Celui qui tombe dans les petites fautes, tombera peu-à-peu dans les plus grandes ; mais celui qui méprise les petites choses, tombera peu-à-peu.* Soyez libre comme un enfant avec Dieu : parlez-lui avec une entiere confiance : si quelques fautes vous ôtoient cette liberté, humiliez-vous, demandez-lui promptement pardon de tout votre cœur, & reprenez ensuite avec lui votre maniere libre & enfantine. *Comme un pere pardonne à ses enfants, de même,* dit le Prophete, *Dieu pardonne à ceux qui le craignent, parce qu'il connoît leur fragilité.* Vous n'êtes pas parfaite; Dieu le sait bien; mais vous espérez de la devenir :

allez donc à lui librement, quelque imperfection que vous connoissiez en votre ame, & dites-lui avec l'épouse : *Menez-moi, Seigneur, après vous : je courrai à l'odeur de vos parfums.*

Vous ne devez pas, Madame, renoncer à la compagnie des gens de bien qui sont de vos amis, parce que l'amour propre vous fait la guerre en leur société : élevez-vous à Dieu : priez-le qu'il sanctifie votre commerce avec eux, & ensuite soyez libre : bannissez-en la vanité, les complaisances & confidences qui blesseroient la charité. A cela près, communiquez-vous à eux : réjouissez-vous innocemment : vous ne porteriez pas long-temps la tristesse & la contrainte, sans affoiblir votre santé, & peut-être sans quelque découragement. Ne resserrez point votre esprit par la crainte du plaisir & de la complaisance que vous y trouverez. Il faut accoutumer votre amour-propre à n'être compté pour rien, en ne faisant & ne quittant rien de ce qui est utile à sa considération. Vous le ferez par-là mourir peu-à-peu par soustraction d'aliments. Quand vous appercevez que l'humeur veut vous faire agir, résistez-y courageusement. Dieu fera de grandes choses en vous, & par vous, si son bon esprit

esprit vous anime & vous conduit : le temps est venu de passer à une nouvelle vie : que ce ne soit plus vous qui viviez, mais que Jesus-Christ vive en vous. A quoi serviroient toutes vos communions, si vous n'étiez pas peu-à-peu transformée en une nouvelle créature ? A la Cour, on prend tous les jours des manieres, & l'esprit de la Cour : la vie que vous menez veut donc que vous vous remplissiez de plus en plus des manieres & de l'esprit de Jesus-Christ.

Je vous encouragerai volontiers contre la timidité de vos communions. Si vous attendez, Madame, que vous soyez parfaite pour communier, quand communierez-vous ? S'il faut être exempt de toute foiblesse & de tout péché véniel, vous ne vous approcherez pas sitôt de cet auguste Sacrement : ne savez-vous pas que vous ne devez pas vous conduire vousmême ? Je vous crois la Communion fréquente très-avantageuse, pour ne pas dire très-nécessaire ; je vous crois hors de l'affection aux péchés véniels, que de bonne foi vous leur voulez faire la guerre, que vous desirez avancer dans la vertu, que vous pensez à l'éternité ; c'est pourquoi je crois le pain de vie nécessaire à votre ame. Il étoit quotidien autrefois. Le Concile de Trente dit, qu'il feroit à defirer que les fideles communiaffent tous les jours à la Meffe qu'ils entendent. Je pars, Madame, content de votre maifon : le bien s'y établit de plus en plus: Dieu y eft glorifié, & bénit votre ouvrage. Je vous donne de nouveaux Miffionnaires en forme, pour conduire vos Dames, qui, feules, ne font pas affez fortes.

LETTRE XXIII.

Sur les dévotions particulieres.

JE prie Notre-Seigneur, Madame, qu'il verfe promptement & abondamment en vous fon efprit, puifque vous devez être un fanal pour tant d'autres. Le moindre retardement de votre confommation feroit un grand tort à l'œuvre de Dieu: allez donc en fon nom, mais allez fans relâche. Si vous me demandez, pourquoi je vous dis tout cela, je vous répondrai que je n'en fais rien, & que je ne veux point être fage avec vous. Nulle raifon particuliere ne me fait parler ainfi: mais je fais par expérience que Dieu, quand il nous fait certaines graces, ne nous donne pas feulement le temps de refpirer, tant il se hâte de nous pousser dans la voie. Pour l'Oraison, dont nous parlions, vous savez, Madame, combien de fois je vous ai dit que des choses, très-bonnes en elles-mêmes, ne doivent point être communiquées à certaines personnes qui ont besoin d'un autre aliment. L'abus de ces derniers temps est d'avoir trop divulgué les dispositions auxquelles Dieu attire quelques ames, & de rendre ces choses communes à toutes celles qui sont dans la piété. Chacun doit se borner à manger sa portion, & non celles des autres. Ceux qui lisent certains états, fort éloignés du leur, s'imaginent y être, ou du moins veulent s'y mettre eux-mêmes, au-lieu qu'il n'y a que Dieu qui y mette véritablement. Delà naît l'illusion, & ensuite on s'en prend à l'Oraison pour tous les maux qu'elle n'a point faits. Quand je vous ai parlé & écrit de ces choses, c'est qu'il m'a paru que vous les goûtiez, & que vous y entriez avec attrait : du reste, je serois bien fâché de vous y vouloir mettre : les hommes ne doivent ni pousser, ni arrêter : ils doivent suivre Dieu pas à pas. Je le prie de ne permettre jamais que vous soyez arrêtée dans votre course. On auroit besoin d'une santé forte & continuelle pour porter un état comme le vôtre : mais Dieu prend plaisir à accabler de tous côtés. Je vous l'avois bien dit, Madame, qu'il nous pousse à bout ! Je le remercie du courage qu'il vous donne à mesure qu'il vous exerce : y a-t-il une meilleure place, que d'être attachée sur la Croix avec son fils ? Les douleurs du corps humilient l'ame, & la tiennent dans une disposition de sacrifice : souffrir en paix, c'est s'immoler & faire régner Dieu. Quand on souffre, tout est fait, pourvu qu'on souffre sans résistance sous la main de celui qui frappe : au nom de Dieu, Madame, ne négligez aucun moyen de vous soulager l'esprit & le corps.

LETTRE XXIV.

Sur les austérités.

J'Ai pensé à la consultation que vous me faites, Madame, & j'ai demandé à Dieu, de vous répondre ce qui vous convient. La discipline, les ceintures, & les bracelets ne vous conviennent pas : il faut vous contenter des austérités de votre état, & de celles qui sont renfermées dans les Commandements de

Dieu & de l'Eglise. Voici ce que dit le St. Concile de Trente : *Ceux qui sont justifiés, étant devenus les amis & les domestiques de Dieu, se renouvellant de jour en jour, & marchant de vertus en vertus, c'est-à-dire, mortifiant les membres de leur chair par l'observation des Commandements de Dieu & de l'Eglise, leur foi coopérant à leurs bonnes œuvres, ils croissent dans la justice qu'ils ont reçue par la grace de J. C., & deviennent plus justes, selon cette parole : Que le juste devienne encore plus juste.* Tenez-vous donc, Madame, aux mortifications commandées, & aux bonnes œuvres que la foi & l'amour de Dieu vous feront faire, puisque les bonnes œuvres, que la générosité & la vertu purement naturelle vous inspirent, ne vous justifieroient pas de plus en plus, comme vous le desirez. Vous voyez par-là l'importance d'avoir Dieu en vue dans tout ce que vous ferez, & pour parler le langage de l'Evangile, comme il vous sera avantageux de conserver votre œil toujours simple & lumineux de cette lumiere que la foi & la charité répandent en l'ame fidelle : les austérités des Religieuses Carmélites ne sont pas de votre état, & vos bonnes œuvres ne sont pas de leur vocation :

E iij

Que chacun marche dans la voie où il a été appellé: Voilà, disoit St. Paul, *ce que j'enseigne dans toutes les Eglises*. Maxime fondamentale pour notre avancement: maxime qui réprime les plus grandes passions de l'ambition, de la vanité mondaine, de l'avarice, &c. & qui rappelle tous les Chrétiens à l'ordre de la volonté de Dieu, qui est la souveraine perfection. Votre âge de soixante-huit ans, vos infirmités, votre place, ne vous laissent pas la liberté de faire ce qu'on conseilleroit à d'autres: vous vous portez bien aujourd'hui, Madame, & demain vous aurez la fievre: vous ne pourrez faire ce que Dieu attend de vous, si l'on vous pousse à des mortifications corporelles que votre délicate santé ne peut soutenir: vous laisserez par-là ce qu'un autre ne peut pas faire pour vous: les bonnes œuvres auxquelles vous êtes appliquée, en souffriront & manqueront peut-être tout-à-fait par l'indiscrétion de votre Confesseur. Ce fonds cependant est bien agréable à Dieu, de vouloir tenter tout ce qu'on jugera convenable à votre avancement, quelque austere qu'il soit. Je vous conseille d'être toujours dans cette préparation du cœur des justes: c'est une excellente priere, qui leur attire de grandes graces. Vous savez que la maniere d'écouter de Dieu, c'est d'exaucer, c'est de faire miséricorde. L'accablement de votre état, votre sujétion, les autres peines inséparables de la priere assidue, & des bonnes œuvres que vous avez à faire, ce sont les mortifications de la chair de votre vocation, qui rendront les membres de votre corps des *armes de justice*, selon la parole de St. Paul. Vous n'êtes point obligée de jeûner en mangeant gras, & je ne vous conseille point de le faire, sans Mr. F. Ne mangez que des choses saines : ce sera une mortification journaliere convenable à votre état. Pour ce qui regarde les commodités, & les délices permises, qui suivent la place où vous êtes, voici les regles des Saints. Dans toutes les choses passageres de cette vie, dont la loi de de Dieu & celle de l'Eglise nous permettent d'user, il faut se conformer aux mœurs & à la coutume des gens de bien avec lesquels on vit. *Dans toutes ces choses, ce n'est pas l'usage qu'on en fait, mais la passion & l'intempérance de celui qui en use, qui fait son péché*, dit St. Augustin. Il ajoute, qu'il faut donc faire une grande attention aux lieux, aux temps, aux personnes, pour ne pas reprendre témérairement leurs usages : car il se peut faire qu'un sage Chrétien use sans passion & sans gourmandise, d'un mêts délicat, & qu'un insensé brûle d'une honteuse flamme de gourmandise en desirant des oignons. Il n'y a point de personne sensée qui n'aimât mieux manger des poissons comme Notre-Seigneur, que de manger des lentilles comme Esaü. On ne dira pas que des bêtes soient plus austeres que nous, parce qu'elles ne mangent que des nourritures grossieres : car dans toutes les choses permises, ce n'est pas leur nature qui regle le bien & le mal de nos actions, mais la cause qui nous en fait user, & la maniere dont nous en usons. Ainsi pensoit St. Augustin. *Qu'on ne contraigne point les riches*, dit-il, dans un autre endroit, *de vivre de la nourriture des pauvres : qu'ils usent des viandes dont leur infirmité a accoutumé de se servir : mais qu'ils s'humilient & s'affligent de ne pouvoir pas mieux faire. S'ils changent leurs usages, ils deviennent malades : qu'ils usent des choses superflues, en donnant aux pauvres ce qui leur est nécessaire : qu'ils usent des choses délicates, en donnant aux pauvres les choses utiles.* L'Evangile nous apprend que la justice ne consiste point dans l'abstinence, ou dans le manger, mais dans la patience & l'égalité avec laquelle on souffre les privations, & dans la tempérance avec laquelle on use de l'abondance : cela s'entend hors le cas de précepte. Voilà de l'érudition : mais vous l'entendez à merveille : ainsi, Madame, n'attribuez point l'ennui dans la priere & les autres défauts dont vous vous plaignez, aux manquements d'austérités que vous ne pouvez porter. Lisez le Chap. III de l'Imitation : *Quelquefois quand vous croyez que je suis éloigné de vous, j'en suis le plus près : quand vous croyez avoir tout perdu, c'est souvent le temps que vous gagnez le plus : tout n'est pas perdu lorsque les choses arrivent autrement que vous ne pensiez.*

Je connois vos plus secretes pensées : je sais qu'il vous est avantageux d'être quelquefois abandonnée & sans aucun goût de dévotion, de peur que vous ne mettiez votre confiance en vous-même, & que vous ne vous laissiez aller à l'orgueil, en vous croyant plus parfaite que vous n'êtes. Peut-être aussi dans vos peines recourez-vous trop tard à celui, hors duquel il n'y a ni secours qui défende, ni conseil qui profite, ni remede qui réussisse. Vivez donc reconnoissante des graces inestimables que vous avez reçues. Qu'il n'y ait personne plus fidelle à Dieu, que vous au milieu de la Cour. Que la Foi, l'Espérance, & la Charité soyent l'ame de votre ame. Demandez à Dieu une bonne mort, la persévérance finale, & tout ce qu'il sait mieux que vous, vous être nécessaire. Soutenez, consolez, sanctifiez le Roi; procurez la paix, si vous pouvez : continuez à ouvrir votre main sur le pauvre : allez en confiance aux Sacrements : Dieu ne permettra pas que vous ayez la mort dans le sein, sans la connoître, & que vous mouriez dans un état si funeste. Approchez-vous de Dieu ; & je vous assure qu'il s'approchera de vous : quand vous ne le sentirez pas, son secours n'en sera pas moins effectif. Combattez toujours pour la Foi, contre les nouveautés : car sans la Foi, il est impossible que la Religion subsiste dans l'Etat : & la Religion est la source de tous les biens.

LETTRE XXV.

Utilité des peines d'esprit.

JE souhaite de tout mon cœur, Madame, que vos ennuis servent à vous faire mourir à toute volonté propre. Le goût d'une douce retraite soutiendroit bien plus la nature : vous vous rendriez à vous-même un témoignage bien plus avantageux de votre conduite & de vos sentiments, si vous aviez beaucoup d'heures libres pour lire, pour parler de Dieu, pour vous occuper de bonnes œuvres. Quand on est dans un assujettissement continuel, qu'on fait des riens toute la journée, on ne peut se rendre compte à soi-même d'aucune occupation solide : le fond du cœur s'attriste, se desseche, & se décourage : mais c'est le découragement même, qui purifie le cœur, pourvu qu'on n'y succombe pas : on fait la volonté de Dieu en ne faisant rien : on rompt sa volonté propre, & par conséquent on fait beaucoup, quoiqu'on paroisse ne rien faire : de moment en moment, on se présente à toutes les choses dont Dieu charge : ô ! que le fardeau de chaque moment est bon! plus il est pesant, plus il est précieux : je suppose que Dieu le donne, & que nous ne le prenons pas. Comme il faut abandonner au torrent toutes les heures que Dieu vous arrache, il faut aussi, avec la même fidélité, vous réserver pour vos exercices toutes celles qu'il vous permet de vous réserver : il faut avoir égard aux besoins du corps qu'il faut soulager, aux peines involontaires de l'esprit qui minent le corps, & à toutes les autres circonstances : un peu de silence, dans certains petits intervalles des affaires, ou de conversation, réveille les forces de l'ame, la renouvelle en Dieu, & soulage le corps trop épuisé : & quand on sent que l'humeur se desseche, que la facilité d'agir avec joie & simplicité diminue, il faut recourir au recueillement ; si l'on ne peut prendre plusieurs jours, en prendre un, quelques heures au moins, quelques momens dérobés. Le recueillement nourrira en vous le germe de vie naissant, que Dieu met dans votre cœur. J'aime bien cette foi simple avec laquelle vous cherchez Dieu : vous le trouverez, puisque c'est lui qui vous mene à lui-même. Je ne puis m'empêcher de vous dire tout ceci : & je vous avoue que je vous plains, quand je pense à vos embarras ; mais c'est le moyen particulier de Dieu sur vous, pour faire son œuvre. Il exerce souvent les autres par des croix qui paroissent croix. Pour vous, il veut vous crucifier par les prospérités apparentes, & vous montrer à fond le néant du monde par la misere attachée à tout ce que le monde a d'éblouissant. Ainsi Dieu vous menera droit à lui par tout ce qui semble vous en détourner, pourvu que vous marchiez toujours dans cette foi droite & simple, qui est votre attrait.

LETTRE XXVI.

Sur le repos nécessaire au corps.

Tout ce que j'ai eu l'honneur de vous écrire, ou de vous dire sur le courage dont il faut se défier, se réduit à ceci : c'est qu'il ne faut en rien compter sur vous. Dieu vous demande l'abaissement de votre esprit, & même de votre courage pour toutes les vertus. Ne vous fiez point à votre zele pour renoncer aux soulagements, pour accepter sans relâche de longues contraintes, pour porter une vie dure, & un travail d'esprit non interrompu : vous y succomberiez pour l'esprit & pour le corps : le corps demeureroit languissant, malgré sa vigueur, & se sécheroit infailliblement pour la piété. Soyez simple pour vous ménager avec support, comme vous voudriez ménager une autre personne. Le parti de prendre sur soi, est un parti de Philosophie : on veut tout faire pour les autres, & ne leur rien devoir : on veut les supporter sans en être supportée : on ne veut point se laisser voir dans un état de foiblesse, où l'on a besoin d'être épargné : à tout cela vous reconnoîtrez l'amour-propre & la vertu humaine. J. C. avoit peu de temps pour instruire ses Apôtres : il alloit les quitter : cependant il se dérobe à eux pour aller seul sur la montagne : il leur apprend à faire de même : il suspend leurs travaux Apostoliques pour les faire reposer. Demeurez en paix devant Dieu, pour vous accoutumer à suspendre l'action de l'esprit, trop actif & trop confiant en son action ; vous éprouverez combien cette pratique est utile pour réprimer les saillies de la nature & les réflexions de la sagesse : amusez vos sens, & laissez à votre corps le relâchement dont il a besoin : le corps & l'ame s'en porteront mieux, & les affaires n'y perdront rien.

Je crois, Madame, tout ce que vous dites de vous-même : mais je n'avois vu de dur dans votre vie que les assujettissements : il n'est pas possible que vous n'en ayez de grands par le Roi, & par vos amis dont chacun prétend quelque privilege. Une personne qui a de la délicatesse, veut contenter celle des autres : de-là, cette tension continuelle, cette application à tout prévenir, à tout deviner, à répondre à tout, ces efforts pour ne rien négliger : & de-là aussi, la perte de la santé, & l'épuisement de l'esprit. Reposez-vous donc, Madame, ce repos nourrira dans votre cœur une certaine présence de Dieu, simple, tranquille & familiere. Les choses que vous avez à faire, ne perdront rien par les interruptions : vous les ferez avec des graces plus abondantes & avec plus de mort à vous-même. Vous irez toujours bien, pourvu que vous alliez, sans vous regarder vous-même. Il faut comprendre, pour les retours sur soi, ce que vous avez si bien compris pour le découragement ; tout ce qui est involontaire ne doit point vous troubler : on est importuné de l'attention sur soi-même, comme de toutes les autres tentations : celle-là même est la plus opiniâtre : on voudroit s'oublier, & l'on se retrouve à chaque pas : on s'en afflige, on se condamne, on se décourage, & l'on ne voit pas que Dieu nous affranchit de l'amour-propre par l'importunité de l'amour-propre même. On s'est aimé, on s'est occupé avec plaisir de soi : on se surprend souvent soi-même dans cette vaine complaisance de penser à soi : on en est las, & on ne peut s'en corriger : du poison, Dieu en fait le remede. Quiconque n'est point attaché à soi-même par la volonté, en est détaché véritablement : il ne faut donc point s'inquiéter de ces retours fréquents, il suffit de ne les pas seconder. Le principal est de n'agir jamais malgré la lumiere intérieure, suivant les motifs d'amour-propre qui viennent flatter l'imagination. Pour les défauts d'autrui, on ne peut s'empêcher de les voir : mais il ne faut point les chercher, les approfondir sans nécessité : il ne faut point considérer le mauvais sans le bon ; il faut toujours se souvenir de ce que Dieu peut faire d'un moment à l'autre dans la plus vile des créatures, rappeller les sujets que nous avons de nous mépriser nous-mêmes : le mépris pour les autres a quelque chose de dur & de hautain qui éteint l'esprit de J. C. :

l'esprit de grace ne s'aveugle point sur ce qui est méprisable ; mais il le suppose avec respect pour entrer dans les secrets desseins de Dieu : il ne se laisse aller, ni au dégoût dédaigneux, ni aux impatiences de la nature : nulle corruption ne l'étonne ; nulle misere ne le rebute, nulle impuissance ne le dégoûte, parce qu'il ne compte que sur Dieu seul, qu'il ne voit hors de lui, que néant & péché.

LETTRE XXVII.

Sur la tristesse.

JE ne vous dis pas, Madame, de ne vous point attrister, mais de ne vous point affliger, comme les personnes qui n'ont pas de confiance en Dieu, ni de soumission à ses ordres. Inspirez-en une grande au Roi : obtenez de lui qu'il consulte Dieu un moment dans les affaires sur lesquelles il délibere. Il est capable de bien entendre ce que la Sagesse dit d'elle-même dans les Proverbes. *C'est de moi que vient le conseil & l'équité : c'est de moi que vient la prudence & la force : les Rois regnent par moi : & c'est par moi, que les Législateurs ordonnent ce qui est juste : les Princes commandent par moi : j'aime ceux qui m'aiment : ceux qui s'éveillent dès le matin pour me chercher, me trouvent.* Communiez extraordinairement pour lui : offrez-vous à tout, pour l'amour de Dieu, qui vous a choisie pour le consoler, lui obéir, & le sauver. Priez, quoique triste & affligée : pleurez dans votre Oratoire aux pieds de N. S. : vous recueillerez avec joie le fruit de ce que vous aurez semé avec tristesse. Ne croyez pas perdu ce que vous ferez tristement pour Dieu : les prieres, les Communions sont plus nécessaires, & plus méritoires en ce temps-là, quoiqu'elles soient sans le sentiment ordinaire de la dévotion qu'on goûte dans les autres temps. Que votre priere ordinaire & vos élévations de la journée soient cette demande que N. S. vous a enseignée : *Que votre volonté soit faite en la terre comme au ciel !* Espérez en Dieu souverainement : n'at-il pas tourné toutes choses pour votre salut ? Vous feriez une ingrate bien coupable, si vous hésitiez un moment. Tout ce qui arrive, hors le péché, vient de lui ; souvenez-vous de ces paroles du Sauveur à St. Piere : *Vous ne voulez pas que je boive le Calice que mon Pere m'a envoyé?* Ne demeurez pas dans l'affliction ; occupez-vous, quoique triftement, des chofes que vous aurez à faire. *Le Seigneur me conduit, rien ne me manquera,* difoit David; *il me conduit dans fes pâturages.* Abandonnez à Dieu le foin de l'avenir, & faites au temps préfent ce que vous connoîtrez que Dieu demande. Il vous a tirée de tous les périls : & fon pouvoir & fon amour ne font pas encore épuifés.

LETTRE XXVIII.

JE viens, Madame, de recevoir vos redditions : fervez-vous, je vous en fupplie, pour toujours, de la regle dont nous fommes convenus, de ne rien faire qui puiffe paroître fingulier au lieu où vous êtes, à moins que la chofe ne foit des Commandements de Dieu, ou de l'Eglife : je ne vous dirai jamais rien qu'en le fuppofant. Il eft bon, non-feulement pour vous, mais pour les autres, qu'on ne fache pas ce que vous faites, que l'on ne voye rien en vous, s'il vous plaît, que d'ordinaire & de bon, & que le Roi vous trouve aifée & réjouiffante. Quoiqu'il n'y ait rien d'extraordinaire dans votre piété, le monde trouveroit encore qu'il y en a trop s'il savoit tout : *Toute la beauté de la femme du Roi est au-dedans*: & si j'ai de grandes espérances, c'est parce que vous accompagnez les petites choses que vous faites, d'une grande volonté & d'un grand cœur pour les choses de Dieu : si je vous crois en assurance, c'est parce que vous faites peu de cas de ce que vous faites, que vous craignez, que vous vous précautionnez, que vous voulez en faire plus, & que vous n'appuyez la fermeté de votre espérance que du bon côté, ne comptant que sur Dieu, vous oubliant vous-même, & n'oubliant pas votre fragilité.

LETTRE XXIX.

Sur un sentiment de la dirigée.

Vous semez avec travail, vous recueillerez avec joie : lassez-vous de bon cœur à écouter & à soutenir tout le monde, depuis le matin jusqu'au soir : encouragez l'un, reprenez l'autre, dissimulez l'importunité, supportez les défauts : dans ceux du prochain, voyez humblement les vôtres; reconnoissez-en d'autres plus confidérables, ou remerciez Dieu de ce qu'il vous en a délivrée. Par-là vous ne vous diffiperez pas, vous ne vous abandonnerez pas vous-même en fecourant les autres ; mais vous pratiquerez toutes fortes de vertus qui vous fanctifieront avec eux.

Que vous êtes heureufe, de m'avoir pu écrire ces mots avec vérité ! *Je me fuis trouvée depuis peu dans la difpofition que vous m'avez fouhaitée ; & après avoir épuifé mes forces & ma vigueur au fervice des ames, je fuis revenue toute laffe & toute languiffante aux plaifirs qui me cherchent, & que je ne cherche pas.* Je fupplie celui qui fait luire la lumiere dans les ténebres, & qui tire le bien du mal, de changer tous vos divertiffements en exercice de mortification, par les dégoûts que la grace feule eft capable de vous envoyer. Il eft permis en cela d'être hypocrite, & de paroître fe réjouir, quand on ne fe réjouit pas, ou qu'on tourne la joie en amertume volontaire.

Depuis que j'ai lu, que lorfque vous retournez le foir à Verfailles, vous y portez un corps & un efprit tout épuifé, il me refte dans le fond du cœur une confolation fenfible dans la vue du grand bien qui en réfulte. Vous avez donné si long-temps les prémices au monde, & les restes à Dieu, qu'il est temps de faire restitution, en faisant une sévere justice au monde. Il me semble que vous pouvez dire sincérement à Notre-Seigneur dans l'esprit de David : *Je garderai pour vous toute ma vigueur & toute ma force, ô mon Dieu! Je m'épuiserai à votre service, & j'irai toute affoiblie & toute languissante aux plaisirs du monde pour y trouver mon dégoût, & pour en faire même une espece de supplice dans le temps où votre divin Esprit m'attire.* Si je valois quelque chose auprès de Dieu, Madame, j'employerois tout mon crédit pour vous obtenir cette disposition.

La méditation du Roi sera très-utilement employée demain matin, s'il tâche de s'exciter à une fervente contrition, en se représentant devant Notre Seigneur J. C., devant qui il va rendre ses comptes aux pieds de son Ministre. Vous pouvez choisir pour cela dans vos livres quelque sujet d'Oraison, capable de l'exciter : *Créez en moi, Seigneur, un cœur nouveau.* Après quelques demandes semblables, qu'il forme tendrement, & du meilleur de son cœur, un nouveau regret des péchés de toute sa vie, qui aille jusqu'à la détestation & à l'horreur de tout ce qui déplaît à Dieu! Le Dieu riche en miséricordes, qui a été chercher la brebis errante, lorsqu'elle n'y pensoit pas, pourroit-il être sourd à sa voix, lorsqu'elle le veut suivre par-tout, & qu'elle ne trouve de consolation solide qu'à l'abri de sa houlette & de son bâton? ce seroit une impiété de le penser, & un blasphême de le dire.

LETTRE XXX.

Sur ses progrès dans la piété.

JE suis affligée, *dites-vous, de ne point connoître mes fautes, quoique je ne puisse douter d'en avoir fait plusieurs pendant la semaine.* Et moi, je me réjouis que vous n'en fassiez plus de ces remarquables, de ces volontaires, qu'on apperçoit après des années entieres. Je me réjouis de ce qu'étant plus attentive à la présence de Dieu, plus exacte à vous examiner tous les jours, ayant la conscience plus délicate, étant plus éclairée sur vos obligations, vous voyez dans vos comptes moins de péchés qu'autrefois : c'est qu'il y en a moins en effet : c'est qu'ils sont moins volontaires, c'est qu'ils vous seront aussi moins imputés. *Dieu soit béni à jamais, qu'ayant été ci-devant esclave du péché, vous avez obéi du fond du cœur à l'Evangile, & êtes devenue esclave de la justice! Vous avez fait servir ce qui étoit en vous à l'iniquité : tout doit servir présentement, & tout sera en effet à la justice par votre sanctification :* c'est à peu près le texte de St. Paul. Lisez, Madame, cet admirable Chapitre : vous y verrez ce que le Baptême opere en ceux qui meurent au péché, comme ils deviennent semblables à J. C. dans la mort & dans la résurrection; vous y verrez que les deux états se suivent; que le Chrétien, qui est mort au péché, participe à la grace de la résurrection & de l'immortalité du Sauveur : & pour réponse à toutes vos peines, lisez & entendez bien le Verset 14. Ce qui doit vous surprendre, c'est comment ce monstre puissamment fortifié, qui avoit fait en vous des chaînes de fer pour vous retenir sous son domaine, a pu perdre si aisément tout son pouvoir. C'est-là le miracle de la grace, c'est l'œuvre du Tout-Puissant : *Chantons à jamais les miséricordes du Seigneur,* disoit David.

Je sais que vous n'êtes pas exempte de plusieurs fautes pendant la semaine, quoique

que votre conscience quelquefois ne vous reproche rien ; mais ces fautes ne vont point à la mort, mais vous les haïssez, quoique cachées, mais vous en demandez pardon humblement à Dieu comme David : *Ab occultis meis munda me ;* mais vous êtes bien résolue de les chercher tous les jours dans votre examen, & de leur faire la guerre quand vous les trouverez. Laissez croître la lumiere de la grace : vous verrez alors clairement ce que vous n'appercevez pas aujourd'hui. En attendant, réjouissez-vous de ne rien appercevoir. Votre orgueil vous afflige, & vous fait la guerre jusques dans le Sanctuaire : vous craignez qu'il ne vous ravisse le bien que vous faites. Votre crainte vous mettra en sûreté : tant que vous le craindrez, vous vous défendrez contre lui : & si quelquefois il vous fait des blessures, elles seront légeres. *Mais,* dites-vous, *je suis quelquefois troublée, quand je me trouve si orgueilleuse* : heureuse l'ame qui craint d'offenser Dieu ! le trouble vous sera salutaire : vous en deviendrez plus humble, plus soumise, plus pénitente, & plus préparée aux graces nouvelles. J'ai été ravi d'avoir vu, il y a quelques jours, celle qui ne se troubloit pas aisément autrefois, qui croyoit pouvoir se suffire, qui n'appelloit à elle que le secours de la raison, dont l'esprit-fort d'une mauvaise force, regardoit les contraintes des ames timorées comme des petitesses : j'ai été ravi de la voir humiliée, contrainte, craintive, sentir son insuffisance, avoir besoin d'être rassurée & consolée par les Ministres du *Pere de toute consolation.* Dieu a accoutumé de faire passer ses élus par deux épreuves différentes, la joie & la crainte : le trouble & la paix ne sont jamais de longue durée. O profondeur de la bonté & de la sagesse de Dieu ! Nous avons besoin d'être troublés pour ne pas présumer : nous n'avons pas moins besoin aussi de la consolation du Ciel pour n'être pas abattus par la défiance & par le sentiment de notre foiblesse : *Aussi*, dit St. Chrysostôme, *Dieu mêle la joie avec la tristesse, & tempere l'une par l'autre.* C'est ainsi qu'il agit avec tous les Saints. Il ne laisse pas toujours, ni dans les périls, ni dans la sécurité : mais il fait comme un tissu & une chaîne de biens & de maux : c'est ce qu'il a pratiqué envers St. Joseph, cet homme appellé juste par excellence dans l'Evangile, dépositaire des anciennes promesses de Dieu, & le gardien du trésor de la Religion. Il voit, continue ce Pere, la grossesse de Marie, & il entre aussi-tôt dans le trouble & dans l'inquiétude : il soupçonne sa femme d'adultere ; mais l'Ange le délivre de ses craintes : *Joseph, lui dit-il, ne craignez pas de prendre avec vous Marie votre épouse : l'Enfant qui est né en elle, est l'ouvrage du St. Esprit.* L'Enfant paroît ensuite : Joseph en reçoit une extrême joie : il voit venir les Pasteurs, accourir les Rois d'Orient pour l'adorer, Siméon le reconnoître pour le Messie, prédire qu'il sera *la lumiere des nations & la gloire du peuple d'Israël.* Quelle consolation pour ce saint homme ! mais elle est aussi-tôt suivie d'une douleur étrange, lorsqu'il voit un Roi furieux, résolu de perdre l'Enfant : l'Ange le console par sa visite, lui ordonne de prendre la Mere & l'Enfant, & de fuir en Egypte : il a l'affliction d'être parmi des idolâtres pendant plusieurs années : le reste de sa vie fut aussi-mêlé. Soyez béni à jamais, ô mon Dieu ! de ce que vous donnez le secours nécessaire à notre foiblesse, & que vous ne dédaignez pas de dissiper nos peines, & de nous fortifier par votre visite !

Quoiqu'affligée souvent de n'en pas faire autant que vous voudriez, vous craignez cependant quelquefois qu'on ne vous en demande trop : vous frémissez même,

F ij

craignant la févérité du Miniftre à qui votre ame eft confiée. Dieu me faſſe la grace de me traiter dans mon état, comme je defire vous traiter dans le vôtre ! Ce que je puis vous dire, Madame, c'eſt que vos craintes ne m'embarraſſent pas ; & mes préventions ne me tromperont point : ce qui me confole, c'eſt que vous êtes prête à tout, c'eſt que j'efpere ne vous rien demander de fingulier, ni au-deſſus de vos forces & de vos defirs.

LETTRE XXXI.

Sur fa conduite dans fon domeſtique.

JE vous mande en détail ce que je crois que vous devez faire par rapport à votre domeſtique. Aujourd'hui, Madame, que Dieu vous enflamme plus tendrement de fon zele, il faut que vous commenciez à l'exercer fur votre maifon. Celui que vous fervez de fi bon cœur, doit auſſi être fervi préférablement à vous, par vos domeſtiques : il faut que votre maifon lui foit autant confacrée que votre cœur, qu'on la diſtingue entre les autres par la piété, & qu'elle devienne une Eglife domeſtique comme l'étoit autrefois celle des premiers fideles, ainsi que nous le voyons dans St. Paul, qui appelle la maison d'Aquilée & de Priscille, *leur Eglise domestique*, comme aussi celle de Nymphas : *Saluez*, dit-il aux Colossiens, *l'Eglise qui est dans la maison de Nymphas*. Faites, Madame, par votre vigilance, & par votre douce autorité, qu'ils travaillent tous avec une pieuse émulation à devenir d'excellents Chrétiens. Souvenez-vous que quand vous meneriez en votre particulier une vie toute sainte, & que tout le monde vous regarderoit avec admiration, vous seriez morte devant Dieu, si vous n'établissez dans la foi & dans la piété, autant qu'il est en vous, le petit peuple dont vous êtes chargée en conscience : car sans cela, vos œuvres ne seroient pas pleines. N'oubliez pas ce que Dieu dit à tous les Chrétiens chargés des autres dans la personne de l'Evêque de Sardes : *Je sais quelles sont vos œuvres : vous avez la réputation d'être vivant, vous êtes mort : soyez vigilant, songez à ceux dont vous êtes chargé qui sont prêts à mourir : car je ne trouve pas vos œuvres pleines devant Dieu* : & afin qu'on sache que cet avis est pour les fideles de tous les temps, il le finit par ces pa-

F iij

roles, qui devroient bien réveiller ceux qui font endormis : *Que celui qui a des oreilles, entende ce que l'Esprit dit aux Eglises.* Voilà un homme qui paffoit pour un Saint dans le premier temps de l'Eglife naiffante, & qui eft mort devant Dieu, parce qu'il néglige des gens dont il eft refponfable. Faites donc en forte, Madame, que perfonne ne meure chez vous, ou du moins que leur mort ne vous foit point imputée.

Votre charité ingénieufe trouvera affez de moyens d'infinuer à vos gens la piété avec douceur, & faura bien auffi les attendre avec patience : il faut qu'ils aiment la vertu, & qu'il n'y ait que ceux qui feroient endurcis, qui ayent fujet de vous craindre. Quant à ceux-là, il eft bon qu'ils fachent, par les exemples que vous en ferez au befoin, que vous êtes auffi inexorable à l'égard du vice, que vous êtes patiente à l'égard des foibleffes. Ne renoncez point aux plaifirs innocents attachés à votre état : allez au-devant, en faveur des grands biens que vous pourrez faire par eux : rendez la vertu douce, aimable, accommodante; mais fans bleffer les regles. Les fpectacles font, ou criminels, ou occafions de crime : vous devez n'y aller que par ordre, ainsi que nous en sommes convenus : il est bon, quoi qu'en disent certaines gens, qu'on sache que vous n'approuvez pas ces sortes de plaisirs, & que vous n'y cherchez autre chose que l'obéissance de votre état. Souvenez-vous des paroles d'Isaïe : *Je vous ai appellée à moi d'un pays éloigné, & je vous ai choisie pour moi.*

LETTRE XXXII.

Sur l'amour du bien public.

QUe Dieu est bon, de vous faire voir le monde par des côtés qui vous en donnent tant d'horreur & de mépris ! Hélas ! si on le regardoit toujours ainsi, il n'enivreroit pas tant. Et qu'avez-vous fait à Dieu pour n'être pas du nombre de ceux qui sont si dangereusement enivrés ? Rien n'égale ses bienfaits, Madame : rien ne doit égaler votre reconnoissance & votre fidélité. Ayez confiance en lui avec plus de simplicité & de fermeté que jamais : vous plantez, il donne l'accroissement : sanctifiez-vous pour les œuvres que Dieu vous prépare, & pour les Religieuses dont vous allez être l'Inftitutrice. Aimez l'Eglife plus que St. Cyr, & plus que tout ce que vous aimez fur la terre : priez Dieu qu'il détourne tous les maux qui l'affligent, & tous ceux qui la menacent. N'ufez point votre crédit aux affaires des particuliers, quelque faints qu'ils foient : réfervez-vous pour les affaires générales de l'Eglife, pour le bien de l'Etat, & pour celui du Roi. Hafardez des avis, & faites des inftances pour ces grandes affaires, fans vous laffer, mais auffi fans fortir de la douceur & du refpect que vous devez. A mefure que vous connoiffez certaines chofes, utiles à infpirer, marquez les pour vous en fervir. Lifez le Concile de Trente à votre loifir. Aimez l'Eglife, je vous en conjure, pour laquelle J. C. eft mort, afin qu'elle fût fans tache & fans ride. Voilà, Madame, ce que je crois devoir mettre à la place des auftérités : elles rebuteroient & fatigueroient tous ceux à qui vous avez à faire : fi vous en faifiez beaucoup plus que vous n'en faites, peut-être vous ôteroient-elles la force qui vous eft néceffaire pour foutenir l'accablement des autres occupations : mais la piété que vous exercerez avec l'Eglife, fera bonne à tout, & fuppléera à tout. Vous ne vivez que pour cela , & je crois que vous diriez volontiers avec un de ces généreux Juifs : *Il vaut mieux que nous mourions, que de voir les maux qui menacent notre Eglise & notre Nation.* J'espere du Dieu de miséricorde, qui vous a choisie , qu'il vous fera attendre en patience les moyens, & qu'il vous mettra dans le cœur & dans la bouche sa parole pour toucher efficacement les articles importants. Le dernier Chapitre, que je vous ai marqué du Concile de Trente, page 450, est admirable : lisez-le , & le relisez : c'est l'Eglise qui vous l'adresse pour se faire entendre à celui auprès de qui son époux vous a mise.

LETTRE XXXII.

Sur la Fête de tous les Saints.

Voici, Madame, les écrits que vous m'avez demandés sur les trois articles que vous m'avez marqués : j'ai peur qu'en voulant bien faire, je ne l'aye fait trop long : mais mon écriture est grosse, & vous pourrez la partager, & en lire un article chaque jour. Votre état est bon : vous êtes sur la croix de Notre-

Seigneur : vous la portez, elle vous portera réciproquement. Ayez donc bon courage : que craindriez vous ? Le salut & la persévérance, qui en est le sceau, dépendent de la sollicitation : faites-en une forte dans cette Octave : l'Eglise vous offre aujourd'hui un nombre innombrable d'intercesseurs : employez-les efficacement, pour demander cette disposition de David : *Je n'oublierai jamais vos justifications.* Jamais est un grand mot, mais c'est le mot des élus. *Que veux-je sur la Terre & dans le Ciel, sinon vous, ô mon Dieu ! vous qui êtes le Dieu de mon cœur & mon partage pour toujours !* il faut que ce *toujours* soit joint à votre foi, à votre espérance, à votre patience, à tout le bien que vous faites, & sur-tout à votre amour : vous l'obtiendrez ce *toujours* : Dieu ne vous le refusera pas. Dites souvent dans cette Octave, à l'intention de ce *toujours*, tous les Saints de Dieu priez pour moi. N'oubliez pas la Reine des Saints, qui vous aime singuliérement, ni votre Patron, ni ceux du Roi, ni les Anges de l'Etat.

O que ces grands Saints prieront de bon cœur pour vous, pour l'amour des pauvres, pour la Protectrice du Clergé, pour celle qui aime uniquement l'Eglife, au milieu du monde, pour celle enfin que Dieu a préparée au foulagement du peuple, à la fanctification du Roi, & pour être à la Cour le modele des grandes vertus, le canal des bons confeils & des maximes évangeliques devant ceux qui les regardent comme une folie !

Lifez peu, écrivez encore moins, tant que votre foibleffe durera : contentez-vous de vous faire lire quelque chofe de court, tous les jours un chapitre de l'Imitation, ou du Nouveau Teftament, ou des Pfeaumes, ou de quelque Lettre de St. François de Sales, touchant l'état où vous êtes, ou de quelque autre livre de piété. Ne faites que de courtes prieres : mais élevez toujours votre cœur à Dieu : dites-lui que vous l'aimerez toujours : cela fait un grand plaifir à notre fouverain Maître : car il ne veut que notre amour. Ne faites aucune difficulté de prendre vos commodités pour vous foulager : vous êtes fi fouvent mal à votre aife, que je vous crois cette liberté très-néceffaire pour ne pas fuccomber. Communiez, comme vous faites, fans regle, & felon que votre fanté vous le permet. Amufez-vous, quand vous n'y prendrez pas grand plaifir : quoique vous difiez, je crains que les claffes de St. Cyr, jointes à vos autres applications ne vous ayent fort incommodée. Continuez à faire de bonnes œuvres, felon qu'elles fe préfenteront à vous : voilà votre grande priere : elles ont une voix puiffante qui fe fait entendre aux oreilles de Dieu. Du refte, foyez en paix : la mort fera un paffage pour aller à votre Pere, à votre famille, & à votre vraie patrie : elle n'a plus d'aiguillon pour vous : *car l'aiguillon de la mort, c'eft le péché.*

LETTRE XXXIV.

Sur la confiance en Dieu.

Vous êtes plus favante, Madame, que ma fœur R. fur la confiance que nous devons avoir en Dieu dans tous les événements de cette vie : c'eft affez de croire qu'il peut tout, qu'il conduit tout avec une fageffe, une juftice, & une bonté infinie, & qu'il fait tout pour notre plus grand bien : il fuffit de fe foumettre à tout, d'accepter tout, de s'offrir à tout. Il n'eft pas vrai qu'il faille croire abfolument, fans héfiter, qu'il fera tout ce que nous defirerons; par exemple, qu'il nous fera triompher de nos ennemis. Il nous a promis de nous donner la vie éternelle & les moyens qui nous la doivent procurer, fi nous nous abftenons du péché, fi nous nous convertiffons véritablement, fi nous perféverons jufqu'à la fin dans les bonnes œuvres : nous devons avoir une ferme confiance, que de fon côté, il ne manquera pas à fes promeffes, fi du nôtre nous rempliffons la condition qu'il nous a impofée. Mais il ne nous a pas promis indéfinitivement de nous accorder toutes les chofes temporelles que nous lui demanderons, ni le fuccès de toutes nos entreprifes. Il nous affure, à la vérité dans l'Evangile, que fi nous cherchons premiérement le Royaume de Dieu & fa juftice, tout le refte nous fera donné par furcroit : mais il ne l'a pas promis à ceux qui ne cherchent pas premiérement le Royaume de Dieu, à ceux qui font leur principal de l'acceffoire : il n'a même promis aux juftes, qui defirent premiérement fon Royaume & fa juftice, ces biens temporels, que comme un acceffoire & un furcroît, c'eftà-dire comme quelque chofe de fubordonné au falut, & en tant que ces fortes de biens font néceffaires pour arriver à son Royaume. Ainsi, Madame, si les biens temporels nuisent aux spirituels, si ce bon Pere prévoit que les avantages passagers de cette vie nous enleveroient le souverain bien pour lequel il nous a créés, rachetés & sanctifiés par sa vie & par sa mort, il nous refusera ce que nous lui demandons.

LETTRE XXXV.

Sur sa conduite avec le Roi.

JE viens, Madame, de dire la sainte Messe pour tous vos besoins : j'espere que Dieu vous consolera & vous réjouira, parce qu'au milieu de vos peines, vous avez toujours eu soin d'élever votre ame vers lui : ses yeux sont sur vous : il vous aime : il vous envoye de grandes épreuves. Embrassez de bon cœur la croix qu'il vous présente : serrez-la bien : elle vous sanctifiera.

Je ne suis point en peine des péchés que vous ne connoissez pas, ni de ceux que vous connoissez : Dieu prend plaisir à vous les pardonner. Vos prieres sont très-bonnes : donnez-vous-y une très-grande liberté : la contrainte les affoibliroit. La mort, ni la vieilleſſe, ni les accablements ne vous feront point de mal. J'ai une grande eſpérance en celui qui vous a appellée, & qui vous conduit : *il eſt fidele, & il ne vous délaiſſera pas.* Quand vos forces diminueront par l'âge, amuſez-vous : vous en avez beſoin. Donnez pour remede à la triſteſſe du Roi une ſainte joie : qu'il apprenne, en vous voyant, qu'il eſt doux d'aimer & de ſervir Dieu, & que les plaiſirs du monde accablent quand ils quittent, & ne rempliſſent pas quand on en jouit. Vous êtes ſon aſyle : ſouvenez-vous que votre chambre eſt l'Egliſe domeſtique où Dieu ſe retire pour l'y ſoutenir & le ſanctifier, ſans qu'il s'en apperçoive : les Anges tutélaires du Royaume, & le ſien avec le vôtre, & le Dieu des Anges y eſt pour vous y ſoutenir. Tolérez ſes foibleſſes : il ſera porté à aimer celui qui lui donne un tel ſoutien, & qui vous aura inſpiré une ſi grande charité. N'étouffez pourtant pas, & témoignez doucement le beſoin que vous avez de reſpirer. Vous êtes bien dans l'état où Dieu vous veut : ſoyez en paix : n'ayez point de ſollicitude pour l'avenir : le Dieu que vous ſervez, eſt le Dieu immortel. Que votre nourriture ſoit de faire la volonté de Dieu : c'est-là le souverain bien, pour lequel Dieu vous a créée, & vous sanctifie.

LETTRE XXXVI.
Sur la ferveur.

JE prie Dieu qu'il vous découvre ce mystere ineffable de son amour, que les hommes ne peuvent expliquer, & que la seule expérience de la grace & de la charité fait éprouver aux ames ferventes. Demandez donc cette ferveur, afin de la comprendre, & pour vous soutenir dans les peines & les sécheresses de vos embarras : *qu'il me baise du baiser de sa bouche* : la sainte Vierge vous présentera un baiser de la bouche de son fils. Ce moment sera court ici-bas & mêlés des ombres de la foi : mais nous jouirons de cette faveur dans l'éternité, où nous ne desirerons, ni ne craindrons plus rien.

Vos redditions, Madame, m'assurent que Dieu est avec vous, & que vos imperfections & vos langueurs ne vous sépareront pas de lui : vous tâcherez de vous élever au-dessus de votre mal pour faire de bonnes œuvres. Ne vous étonnez pas de fentir l'appefantiffement du corps par la maladie, ni même la pefanteur de l'efprit : la liaifon du corps & de l'ame eft fi étroite dans cette vie, qu'il n'eft pas poffible que l'ame conferve toute fa vigueur dans les maux du corps; mais je vois votre volonté toujours ferme dans l'état de la grace & dans la foumiffion à Dieu. *Mon ame*, difoit une Sainte, *eft folidement affermie & fondée en Dieu.* Tant que vous ferez humble & charitable, vous ne ferez jamais ébranlée dans votre état. Je ne veux pas vous furcharger d'écriture : je remets à un autre jour une courte préparation à la mort. J'efpere que Dieu vous confervera encore pour nos Diocefes, & pour tous les biens que vous faites à l'Eglife, à l'Etat, au Roi, & à St. Cyr.

L'appréhenfion où vous êtes, ne convient pas à la grande fête de demain, ni à vos befoins. Vous craignez où il n'y a pas à craindre : & cette crainte refferre un peu votre cœur, & vous ôte la liberté & la joie dans le fervice de Dieu. Deux chofes vous font abfolument néceffaires : la premiere, un foin extrême de conferver votre cœur dans la grace où Dieu l'a établi, grace qui vous a rendu son amie & son enfant ; en sorte que vous lui pouvez dire avec une pleine confiance : *Mon Pere qui êtes dans le Ciel.* La seconde c'est que vous administriez au Roi les diverses graces dont il vous a fait la dispensatrice, en lui parlant à propos en son nom, & en agissant toujours par son esprit.

La ferveur sensible n'est pas en notre pouvoir : elle vient & se retire, selon les divers desseins de Dieu, qui a coutume d'exercer ainsi ses plus fideles serviteurs : le capital est de conserver votre cœur dans la fidélité que vous devez à Dieu; de sorte qu'il l'aime souverainement au milieu des distractions de la vie. Je ne vois rien dans vos redditions, Madame, qui vous doive inquiéter : je crois que votre peine est une tentation. Il faut que vous puissiez dire, comme la sainte Vierge : *Mon bien-aimé est à moi, & je suis à lui.* Laissez-là vos craintes, & livrez-vous toute entiere à la confiance & à l'amour de celui qui vous aime & garde comme la prunelle de l'œil, qui vous tient sous ses aîles, qui vous nourrit & vous conduit, comme une poule ses poussins ; c'est la comparaison aimable de N. S. dans l'Evangile : vous ne comprenez pas encore jusqu'où va sa dilection parfaite pour vous. Le monde vous dissipe, mais il ne vous enivre pas ; vous languissez souvent, mais vous brûlez d'envie d'être fervente ; vous parlez, mais pouvez-vous garder le silence ? les choses publiques & blâmables passeront-elles impunément sous vos yeux devant de jeunes Princes, assez infatués d'ailleurs des folies du siecle ? Nul scrupule mal entendu, la charité n'est pas précipitée, mais elle n'est point la dupe des Courtisans.

La cause des innocents est si favorable, qu'on doit même manifester en secret aux particuliers innocents, qui y ont intérêt, les défauts secrets de leurs freres, quand ils leur peuvent porter un préjudice considérable. Il y a bien de la différence, Madame, entre l'indignation des justes envers les pécheurs, & l'indignation pharisaïque & la malignité des gens du monde qui se couvrent d'une fausse justice. C'est ce que St. Grégoire remarque admirablement sur le Chapitre 15 de St. Jean : *La fausse justice, dit-il, n'a que de l'indignation, & la vraie a de la piété, quoique les justes ayent accoutumé d'y mêler de l'indignation : mais il y a bien de la différence entre ce qui part d'un principe d'orgueil & de malignité, & ce qui vient du zele de la discipline & de l'amour du bien.* Les justes n'ont point d'indignation par le plaisir de mépriser les autres, mais par charité : & quoique par un zele de discipline, ils paroissent extérieurement contraires aux pécheurs, ils conservent au dedans toute la douceur de la charité : ils se mettent souvent en esprit au-dessous de ceux qu'ils censurent, & se soutiennent eux-mêmes par l'humilité. Les faux justes n'ont que des pensées de vanité pour eux-mêmes, & de mépris pour leur prochain : sans miséricorde, sans compassion pour les infirmes, ils deviennent plus méchants que ceux qu'ils veulent corriger. Que vous êtes éloignée, Madame, de cette fausse justice ! je n'en vois pas la moindre trace dans votre cœur. Si vous sentez tant de peine contre les défauts de votre prochain, c'est par la droiture, l'amour du bien, & le zele que Dieu a mis en vous : l'impatience & les foiblesses peuvent se mêler souvent dans votre zele : mais comment pourriez-vous être au milieu du monde, sans en contracter quelque poussiere ? qui voudroit s'élever au-dessus de ces fautes ? elles deviennent comme inévitables, quoiqu'il faille toujours vous en humilier & les fuir. Gardez-vous bien de tomber dans la tristesse & dans la pusillanimité, comme si Dieu étoit éloigné de vous : je vous assure qu'il est bien proche de votre cœur, & qu'il y regne souverainement : il s'y est fortifié, & sans cela, il y a long-temps que vous auriez été renversée.

Il y a dans l'Eglise, comme dans les Royaumes de la terre, des places fortes & imprenables, que Dieu a bâties pour la défense & pour l'asyle des autres : il y met tant de provisions, & les soutient si puissamment, que toutes les forces ennemies ne peuvent s'en rendre maîtresses. Réjouissez-vous donc, Madame : mettez votre confiance en celui qui est votre force : soyez l'asyle de vos freres, du Roi, des Princes. Si vous deveniez triste, cet asyle deviendroit pour eux une prison. On doit, à la vérité, être toujours dans une humble crainte, pendant qu'on est assiégé de tant d'ennemis : mais il faut de la force, du courage, de la confiance : & la joie d'une fidelle & courageuse défense doit l'emporter sur les petites pertes qu'on auroit faites.

Dites à Dieu humblement, puisqu'il vous a fait tant de bien par l'obéissance : *Vous me conduisez, Seigneur, par ceux que vous m'avez envoyés; ils me prescri-*

vent d'espérer & de me réjouir en vous : réjouissez, Seigneur, l'ame de votre servante, parce que je l'ai élevée vers vous : paroles de David dans un état pareil au vôtre.

LETTRE XXXVII.

Vos tristesses, Madame, ne sont pas des péchés : & ce que votre Confesseur vous a dit sur cela doit vous rassurer. Je vois par la candeur avec laquelle vous me dites celles que vous avez même contre moi, que vous avez aussi été troublée de mes manieres ; mais c'est un exercice que Dieu a permis auquel vous ne devez plus penser. J'y ai donné lieu sans le vouloir, & vous avez eu raison d'en être peinée : j'espere que Dieu vous donnera plus abondamment la consolation que vous n'avez pas trouvée : ne parlez plus de cela, & ayez la simplicité de faire avec moi comme à l'ordinaire : puisque Dieu ne vous ôte pas la confiance, c'est une marque qu'il me prépare des occasions de mieux faire, & qu'il veut que vous soyez un enfant.

Vous ne trouvez pas toujours la même consolation & le même goût dans les Sacrements & dans la priere : vous y trouvez même quelquefois du dégoût : vous ne les quittez pourtant pas, & vous attendez les moments que Dieu a choisis pour nourrir & réjouir votre ame : il faut faire de même pour tous les autres secours qui sont dans l'ordre de Dieu. Comment ne seriez-vous pas triste, Madame, au milieu de tant de peines & de malheurs ? C'est une des tentations humaines dont parle St. Paul : Dieu est fidele, & vous n'êtes pas tentée comme les mondains, vous l'êtes comme les Saints : vous êtes affligée de ne pas trouver quelquefois des secours que vous desireriez : cette peine vient d'un bon principe : il faut se soumettre & attendre : Dieu réserve à un autre temps ce qu'il n'avoit pas accordé au premier besoin.

Job fut délaissé de ses plus proches & de ses meilleurs amis : Dieu lui rendit des consolations au centuple. N. S. a été saisi de frayeur, & d'une extrême tristesse : il disoit à ses Apôtres en ce moment : *Mon ame est triste jusqu'à la mort.* Il a voulu sanctifier par-là l'état des plus grandes tristesses, & apprendre à ses élus que la perfection ne consiste pas à n'être jamais accablé, mais à se soumettre à la volonté de Dieu dans les plus grands délaissements. Courage, Madame! Dieu vous redonnera dans un moment les soutiens qu'il vous a refusés dans un autre. Celle qui porte la gloire de Dieu devant les Rois de la terre, qui n'est à la Cour que pour les grandes œuvres de la charité & de la Religion, aura de grandes afflictions : mais elle aura aussi un grand Consolateur. L'important pour elle, est d'oublier tout ce qui peut la troubler, de s'attacher à la volonté de Dieu, & de mettre en lui sa confiance, & de dire avec le Prophete : *Mon salut est de m'attacher à mon Dieu inséparablement, & de mettre en lui toute mon espérance.*

LETTRE XXXVIII.

Châtiments de Dieu, châtiments d'un pere.

LEs affaires publiques sont entre les mains de Dieu : il ne nous abandonnera pas aux hérétiques ; il faut espérer qu'il nous donnera bientôt la paix. Dieu nous corrige, dit St. Paul, afin que nous ne soyons pas condamnés avec le monde. Il nous fait des playes, dit Job, en nous frappant : mais ces playes sont salutaires, & guérissent nos ames : il nous blesse ;

blesse; mais ses mains nous guérissent. St. Jérôme dit, qu'il est un médecin charitable, qu'il n'épargne point son malade afin de le guérir: il est miséricordieusement cruel, & ne considere point la douleur du patient, mais la guérison de la playe. En effet, Madame, tous les maux que Dieu nous envoye, sont des peines salutaires, & des remedes; des peines satisfactoires qui achevent d'expier nos péchés, & des remedes qui guérissent nos mauvaises habitudes. Il faut, en tous les différents états de notre vie, suivre l'avis de St. Augustin: *Etes-vous dans la joie & dans la prospérité, reconnoissez que c'est votre Pere qui vous flatte: étes-vous dans l'adversité, reconnoissez que c'est votre Pere qui vous corrige: il instruit l'enfant à qui il prépare l'héritage.* Dieu vous traite comme les favoris: ne vous abattez point, quand vous le croyez éloigné. L'humiliation justifie l'homme juste & innocent: les Apôtres ont été dans les prisons, & sont mort sur la Croix: mais Dieu les a souvent consolés, & ils regnent aujourd'hui avec lui: espérer le même bonheur, c'est y acquérir des droits.

❧

Tome IX. G

LETTRE XXXIX.

Paraphrase d'un passage des Cantiques.

J'Ai confiance en votre confiance, Madame, car je crois que Dieu, qui vous donne tant de graces pour la France, peut bien vous donner des pressentiments qui seroient les premiers gages du bien qu'il nous veut faire : il vous montre peut-être ce qu'il veut accorder à votre foi, & à vos prieres : priez-le donc humblement, & avec confiance, qu'il nous releve après nous avoir humiliés, & qu'il rende la France plus Chrétienne & plus florissante que jamais.

Dites, Madame, dites demain à l'Epoux de votre ame, ce que l'Epouse par excellence lui dit dans le Cantique des Cantiques : *Tirez-moi après vous, nous courrons après l'odeur de vos parfums.*

Lorsque vous vous sentez engourdie, tiede, lasse, ennuyée, ne quittez point pour cela vos exercices spirituels, & n'entrez pas dans la tristesse, & dans la défiance que la nature ou la tentation inspirent : mais cherchez la main de celui qui peut vous secourir, le conjurant avec l'épouse de vous tirer après lui. O que la Ste. Vierge le disoit souvent de bon cœur par l'ardeur extrême qu'elle avoit d'arriver à la plus grande perfection des vertus ! Ne cessez point de crier : *Tirez-moi*, jusqu'à ce que vous puissiez dire comme David : *J'ai couru dans la voie de vos Commandements, lorsque vous avez élargi mon cœur : tirez-moi après vous.* Quelle merveille qu'elle ait besoin d'être *tirée*, puisqu'elle *court* après un géant, & qu'elle tâche d'atteindre celui qui *saute sur les montagnes, & qui passe avec tant de vîtesse par-dessus les collines !* elle ne peut pas par elle-même courir après le géant qui est descendu ici-bas du haut de sa gloire, & qui s'est hâté d'y retourner pour l'amour de nous : elle ne le peut pas par ses propres forces : c'est pour cela qu'elle desire d'être *tirée : Je suis lasse*, dit-elle, *je tombe en défaillance, ne m'abandonnez pas ; mais tirez-moi après vous, de peur que je n'aille à d'autres amants comme une vagabonde & que je ne coure comme une personne égarée, qui ne sait quelle route tenir.* Combien hélas ! d'amantes infortunées qui seroient encore épouses de ce divin Epoux, & qui sont du nombre de ces folles de l'Evangile, qui, ayant le dehors du Christianisme, n'ont pas l'huile de la charité,

G ij

& sont pleines des objets du monde & de l'amour du siecle au-dedans du cœur, auxquelles l'époux dira, lorsqu'elles viendront frapper à la porte de la salle éternelle pour avoir part au céleste banquet des Vierges sages : *Je ne vous connois pas!* Dites sans cesse à Dieu : *Tirez-moi après vous*, parce qu'il vaut mieux que vous me *tiriez*, que vous me fassiez violence, quelle qu'elle soit, ou en m'effrayant par des menaces, ou en m'exerçant par des châtiments, ou en m'humiliant par des peines, des maladies, des contradictions, que si vous me laissiez paisiblement jouir des douceurs de cette vie.

Il est juste, Madame, que nous vivions dans une continuelle soumission, qu'après avoir représenté à Dieu nos besoins & nos intérêts, ce sentiment d'Héli demeure profondément gravé dans notre cœur : *Il est le Seigneur : qu'il fasse ce qui est bon & agréable à ses yeux.* Voilà le point, Madame, qui doit fixer notre cœur dans tous ses mouvements, & où il faut revenir dans nos plus grandes allarmes : *Qu'est-ce que je cherche dans le Ciel & sur la terre, ô mon Dieu! sinon vous? O mon Dieu! vous êtes le Dieu de mon cœur & mon partage pour toujours : & encore; j'ai estimé toutes choses comme de la boue, afin de* gagner J. C., & que je sois trouvée en lui n'avoir pas une fausse justice qui vient de moi, mais la véritable qui vient de lui. Voilà le degré suprême de la préférence que nous devons donner à Dieu, quelques biens que le monde nous offre, quelque grands que soient les maux dont il nous menace.

LETTRE XL.

Sur la patience.

J'Ai lu, Madame, vos redditions : elles me suffisent pour me faire comprendre votre état. Je vous entends à demi-mot : &, grace à Dieu, vous n'avez jamais été difficile à comprendre, parce que Dieu vous a imprimé un caractere de candeur & de vérité, qui ne peut compatir avec la moindre dissimulation. Je vois, Madame, par le portrait que vous me faites de vous-même, que la patience vous est singuliérement nécessaire : comme je crois n'avoir jamais traité avec vous ce sujet dans toute son étendue, je vais l'approfondir, afin de vous affermir dans cette vertu.... *Suit un long discours sur la pa-*

tience, qui fait voir la science de l'Auteur, & qui finit ainsi.

La patience est donc le grand instrument de la sanctification des autres : vous ferez, Madame, des biens infinis par cette voie : il faut que vous ayez toutes sortes de patience, une patience à l'épreuve, une patience toujours accompagnée de joie & de douceur. Par-là, vous sanctifierez non-seulement St. Cyr, mais la Cour : vous serez *le sel & la lumiere du monde* : votre douceur & votre patience, accompagnées de vos bonnes œuvres, inspireront du goût pour la vertu : elle éclairera plus que nos prédications : vous répandrez la bonne odeur de J. C. avec tant de douceur & d'édification, que vous en serez vous-même étonnée. J'ai été plus loin que je ne pensois, en vous parlant de la vertu, qui doit vous être la plus chere. La demander très-instamment à Dieu, penser souvent aux exemples de J. C. & des Saints, la pratiquer sans relâche, rappeller le souvenir des persécutions, voilà le vrai moyen de l'acquérir. Souvenez-vous que la foi est un apprentissage du martyre. Quelle patience ne faudroit-il pas pour confesser J. C. dans la faim, dans la soif, dans l'exil, dans les souffrances ? Celle, qui devroit foutenir de tels combats, aura-t-elle la foibleſſe de céder aux moindres épreuves ? Faites donc, Madame, ſelon cet excellent livre de l'Imitation, une réſolution ferme & inébranlable de tout ſouffrir pour l'amour de Dieu, quand il vous enverra quelque peine dans votre état, & offrez-vous de nouveau à lui en ce ſaint temps. N'oubliez pas cette ſentence du Sage : *L'homme patient vaut mieux que le courageux : & celui qui eſt maître de ſon eſprit, vaut mieux que celui qui force les villes.*

LETTRE XLI.

Sur le Roi.

JE ſuis bien content de vos redditions, Madame : je crois que vous ne ferez point ſurpriſe : vous avez ſoin de vos comptes. Vous ne pouvez pas être toujours dans la ferveur, ni dans un haut degré d'union avec Dieu, ni dans des prieres longues & réglées; mais par l'affoibliſſement où vous êtes quelquefois de corps & d'eſprit, vous avez beſoin de vous relâcher. Après avoir demandé à Dieu ſon ſecours, & lui avoir offert vos ſouffrances, il faut céder à votre besoin, en vous amusant de petites choses, en dissipant votre ennui, & en attendant, avec confiance & avec humilité, le retour de la consolation du Ciel, & de la joie sensible de la présence de Dieu. Il ne vous laissera pas toujours dans la sécheresse, & votre tristesse se changera bientôt en joie : il reviendra bientôt à vous. Il reviendra bientôt vous visiter ; votre cœur sera dans une sainte allégresse, & personne ne vous l'ôtera : car lui seul la ravit, quand il lui plaît pour nous éprouver. Dieu voit vos combats & vos contraintes, & il les récompensera. Le secret de la vie Chrétienne est aussi de le voir en tout, de lui rapporter tout, de faire un bon usage de tout ce qu'il ordonne. Or, tout ce qui n'est pas péché, est ordonné par lui. Il est vrai qu'il se propose différentes fins prochaines dans les choses qui nous arrivent : il veut, par exemple, que nous soyons quelquefois malades pendant un certain temps, afin que nous apprenions à souffrir, que nous obéissions aux médecins pour guérir, que nous ayons recours à lui pour nous y sanctifier, & pour donner aux remedes le succès qu'il juge le plus convenable ; & tout cela, par rapport à notre salut

& à sa gloire, qui est la fin derniere à laquelle tous nos desirs & tous nos soins doivent être subordonnés. Le chemin de la perfection est donc de nous conformer à la volonté de Dieu, en souffrant ce qu'il veut, & autant qu'il veut, en lui demandant sa grace, en travaillant à nous guérir sous son bon plaisir, en lui offrant les remedes pour qu'il daigne les bénir. C'est pour cela que David, après avoir adoré Dieu qui l'humilioit, en disant : *C'est un bien pour moi, Seigneur, que vous m'ayez humilié*, demande aussi d'être délivré de son humiliation : *Redonnez-moi la vie, selon votre promesse.* Il est évident qu'il avoit Dieu présent dans la souffrance, parce qu'il étoit soumis à souffrir plus long-temps s'il l'ordonnoit, & qu'il ne demandoit sa délivrance que sous son bon plaisir. Je me suis un peu arrêté à cet article important, afin de vous y affectionner.

Je ne puis attribuer à une autre source cette paix que vous avez si bien conservée dans vos peines & dans vos langueurs. Continuez donc à dire ces paroles de l'Ecriture au fond de votre cœur : *Il est le maître, qu'il fasse ce qui sera bon devant ses yeux ! il tue, & il vivifie ! il conduit aux portes de la mort, & il en* rappelle : il appauvrit & il enrichit il humilie, & il éleve : il prend le pauvre dans la poussiere, pour le faire asseoir avec les Princes dans un Tróne de gloire : car c'est le Seigneur qui a fait les fondements de la terre, & qui a posé l'Univers sur les bases qu'il lui a faites. Mon ame ne sera-t-elle pas assujettie à Dieu, puisque mon salut est entre ses mains ?

Il ne faut pourtant pas, Madame, que cette soumission aveugle vous jette dans l'indifférence : quand vous connoissez bien clairement ce que Dieu veut, il ne faut pas vouloir autre chose. Quand, au contraire, vous ne le connoissez pas, il faut recourir à lui par la priere. Dieu veut que le malade, qui ne sait pas le temps que Dieu a prescrit à sa maladie, ait recours aux remedes pour le guérir ; que les affligés cherchent les consolations permises ; les personnes tentées, leur délivrance ; le voyageur les conseils de son guide ; & quand tout nous manqueroit sans notre faute, il faut attendre de Dieu ce que les créatures ne nous donnent pas ; car comme il veut nous accorder son secours par les voies ordinaires qu'il a établies pour nous soulager, il ne nous manque pas aussi dans les choses nécessaires, lorsque nous avons épuisé les moyens ordinaires de fa Providence.

Je conviens que Dieu vous appelle à vous ufer pour les autres. Cependant difcernez ce qui eft néceffaire d'avec l'utile & le fuperflu. Vous ne pouvez pas donner votre approbation à tout ce que vous voyez : je crois même qu'il y a plus de chofes à défapprouver qu'à eftimer dans le lieu où vous êtes. Il faut aimer les perfonnes, & haïr leurs défauts : & pour parler le langage de St. Auguftin, *il faut tuer les erreurs, & fauver l'errant.* Vous êtes dans une place fupérieure : il ne vous feroit pas bon d'avoir les yeux fermés fur les défauts du prochain. La méfiance, les foupçons, les jugements même font des actes de charité, quand la charité les infpire pour procurer le bien, ou pour empêcher le mal. Soyez gaye avec le Roi, furmontez votre trifteffe; vous n'en avez aucun fujet par rapport à vous : & pour ce qui regarde les affaires générales, vous n'y remédierez pas par la trifteffe : au contraire, vous augmenterez le mal, parce que vous deviendrez moins utile au Roi. Diffimulez donc vos peines : ce qui eft charité eft, à le bien prendre, vérité : faites-lui aimer la vertu en la lui rendant aimable : je voudrois qu'il pût comprendre, en vous voyant, qu'il n'y a de joie & de bonheur qu'en Dieu : il n'y viendra que par la complaisance que vous aurez à lui plaire dans les choses innocentes & permises. Consolez-vous de ses imperfections, par les grandes perfections que Dieu lui a données. Il a une grande foi, beaucoup de fermeté pour le bien qu'il connoît, une grande droiture, une extrême fidélité à suivre les lumieres de sa conscience, un cœur généreux, une grande douceur, & bien de la sagesse. Ces trésors viennent du Ciel, & doivent vous réjouir comme des présages de son salut éternel. Dans la place qu'il occupe, on ne fait pas le bien que l'on voudroit, & on tolere les maux qu'on ne voudroit pas. Dieu laisse un contre-poids à la grandeur : les Rois le sentent bien : aussi, malgré tout leur orgueil, ils ont dans le fond de l'humilité. Tout homme est imparfait en cette vie : la Religion par votre secours achevera en celui que vous aimez, ce qu'elle aura commencé avec vous. Mais ne croyez pas que cet ouvrage, un des plus difficiles dans les Grands du monde, fasse le progrès sensible qu'on voit chez les Carmélites & à St. Cyr.

Je voudrois, Madame, parler à votre Confesseur : il ne sait peut-être pas encore la sûreté qu'il y a avec vous, & la liberté que votre obéissance donne à notre saint Ministere : il ne connoît pas encore assez votre simplicité & votre grandeur en J. C. : d'ailleurs, il sait que le Sacrement est d'une grande consolation pour vous, & que Dieu se plaît à se communiquer à vous. Il faut donc lever les obstacles qui pourroient s'opposer à la maturité du fruit que vous devez cueillir. Je le ferai à mon premier voyage, si vous le jugez à propos. Soyez humble, courageuse, douce, compatissante : supportez les foiblesses qu'il faut supporter : corrigez les vices que vous devez corriger dans les autres : ayez un grand zele pour l'Eglise : ne vous découragez pas par les obstacles : aimez Dieu plus que jamais, & par-dessus tout : demeurez dans la paix, malgré les troubles de votre état : faites toujours du bien à tout le monde. Dieu vous a mise à la Cour comme un spectacle d'édification, de douceur & de charité ; vous ferez plus par ces vertus que les Rois ne font par leur puissance & par leurs armées. Ce n'est qu'en aimant qu'on répand la charité dans le cœur des autres : ce n'est qu'en s'humiliant qu'on fait les grandes choses. Je suis, Madame, mille fois plus à vous en N. S. que je ne le puis dire ; vous me feriez une grande injuſtice d'en douter.

LETTRE XLII.
État de l'ame de la dirigée.

J'Ai lu, Madame, vos deux redditions, votre cœur eſt fait pour Dieu : il ne ſera jamais en repos qu'en l'aimant. Vous apprendrez à l'aimer en l'aimant : vous avancerez tous les jours en l'aimant : vous le ſervirez mieux que jamais en l'aimant : vous ſanctifierez le prochain : vous vous éleverez au-deſſus de vos peines : vous ferez les grandes œuvres de votre état plus efficacement : vous aurez trouvé le vrai ſecret de la priere, & tout le tréſor de la vie en aimant Dieu de tout votre cœur, & votre prochain comme vous-même pour l'amour de lui. C'eſt la vraie excellence de la perfection : ne craignez pas, Madame, de faire des actes vains & inutiles, en diſant comme le Prophete : *Je vous aime, Seigneur, je vous aimerai, ma force, mon ſoutien, mon aſyle, & mon libérateur.* Les ames mondaines le diront vainement, parce qu'elles n'aiment pas. Mais vous, Madame, que l'amour divin remplit & fortifie depuis long-temps : vous aimerez Dieu en le disant : il suffit que votre cœur le dise, ou le desire : car Dieu entend la préparation de votre cœur ; vouloir aimer Dieu, c'est l'aimer, quand on a le cœur comme le vôtre. Ce feu du Ciel, que N. S. y a répandu, s'enflammera à la seule présence de Dieu. Delà le mépris pour le monde, cette joie en méditant sur la mort, cette ardeur pour les bonnes œuvres, ce zele vif pour la vérité, cette faim de l'Euchariſtie, cette ſenſibilité ſur les divers événements des affaires de Dieu, cette affection pour le ſalut des ames, ce regret des moments qui ſemblent perdus, cette peine dans les diſtractions, la différence qui ſe fait ſentir ſi ſouvent & ſi vivement entre les journées de St. Cyr, & celles de Marly. C'eſt enfin de cet amour habituel que je ſais que Dieu a enraciné dans votre cœur, que viennent vos craintes des moindres offenſes, & les plaintes de votre peu d'avancement. Vous avancez plus que vous ne le diſcernez : car l'amour de Dieu, quand il eſt véritable, n'eſt jamais ſans agir : je vois croître, moi qui vous obſerve, la force de l'eſprit de Dieu, & toutes les vertus qui en ſont les compagnes je vous le dis pour exciter votre reconnoissance.

Je ne vous dirai rien, Madame, des exercices continuels où je vois que Dieu vous met depuis que j'ai l'honneur de vous connoître. Je comprends que c'est-là le contre-poids que sa sagesse & sa bonté a jugé nécessaire à votre sanctification. Je dis seulement un mot des peines que vous sentez par rapport au bien que vous ne faites pas, & qu'il semble que votre état vous empêche de faire. » Une personne » active dont l'état est d'agir continuelle- » ment, dit un des très-savants hommes, » & très-grand serviteur de Dieu, ne doit » pas prétendre à la tranquilité, à la » paix, & au recueillement d'une per- » sonne solitaire, ni faire des efforts inu- » tiles pour y arriver, de peur de tom- » ber dans la lassitude, l'abattement & » la tristesse, qui la rendroient à charge » à ceux avec lesquels son état la lie : il » suffit de recourir souvent à Dieu par » de courtes élévations. " Si vous aviez, Madame, toutes les perfections, vous tomberiez peut-être dans un orgueil qui vous perdroit. Vous ne sentiriez pas si bien ce que Dieu opere en vous par sa bonté, quand il vous donne ce que votre état semble vous refuser. Votre consolation doit être, que vous pouvez aimer Dieu aussi parfaitement que les plus saints Solitaires, que vous pouvez même avec la grace faire une abondance de bonnes œuvres d'un grand mérite, qu'ils ne peuvent faire. Vous êtes appellée à aimer & à servir le prochain : c'est le partage des Anges qui sont envoyés pour servir au salut de ceux qui se sauvent. Quand vous sentez en vous-même de la peine contre le prochain, c'est souvent l'amour de son salut, le zele pour l'Eglise qui vous cause de la peine. Vous pouvez pour son bien, & pour changer ces défauts, lui témoigner votre peine. La *place d'autorité* où vous êtes, demande qu'avec un cœur rempli au-dedans de charité, vous ne paroissiez pas si indulgente & si facile au-dehors à l'égard de ceux qui en abuseroient. N. S., qui étoit la charité même, a fait des reproches & des menaces. La charité est prudente, elle ne se livre pas sottement à ceux qui abuseroient de sa bonté au préjudice de l'Eglise, de l'Etat, & de ses freres; elle n'est pas intéressée, à la vérité; mais elle menage les intérêts de son prochain & les siens même, quand ils sont mêlés avec ceux du prochain. Enfin, Madame, je conclus avec St. Augustin : *Aimez & faites ce que vous voudrez : aimez le prochain, haïssez ses vices.*

LETTRE XLIII.

Sur la politique mondaine.

LE Seigneur ne se départira jamais de son alliance, quoiqu'en disent les Jansénistes, condamnés par le Concile de Trente avant que d'avoir paru. Dieu ne répand abondamment ses graces sur certaines grandes ames, que pour engager par elles une infinité d'autres. Dieu ne s'est pas contenté de vous donner une vertu commune en vous faisant bonne parmi les bons : il vous en a donné une héroïque en vous faisant exemplaire parmi les méchants. Il vous fait luire au milieu d'une nation perverse, comme un flambeau dans la nuit. C'est à vous à qui il dit : *Que votre lumiere éclaire tellement devant les hommes, qu'ils voyent vos bonnes œuvres, & qu'ils soient portés à glorifier Dieu.* Vous avez besoin de patience, de douceur, de courage, d'humilité, de compassion, de zele, de la prudence qui vient du Ciel, d'une grande ardeur dans la Foi, d'un amour de Dieu infatigable, & de persévérance dans la priere.

Votre patience vous rendra maîtresse de votre ame, votre douceur gagnera celles que Dieu veut vous donner. Je ne vous souhaite pas le courage qui prend les Villes, mais celui qui force le Ciel, & qui soutient ici-bas la Religion. Je ne vois personne qui ait du courage : vous en avez pour les combats de piété & pour les victoires de la Religion. L'humilité sera votre force. Il vous faut des entrailles de compassion pour les foibles : votre zele doit être sans indignation, considérant toujours votre propre foiblesse, de peur d'être tentée comme les autres, & de tomber. Le pécheur, comme pécheur, doit être comme rien devant vos yeux : mais comme Chrétien, il est peut-être plus que vous dans l'élection de Dieu. Demandez sans cesse la sagesse qui vient d'en-haut : Dieu vous communiquera des lumieres inconnues à la politique : & soyez certaine que la chair & le sang ne sauroient vous révéler ce que Dieu vous découvrira, si vous êtes petite devant lui avec confiance. Je crains pour vos politiques de la Cour cette parole du St. Esprit : *Je perdrai la sagesse des Sages, & je réprou-*

verai la prudence des prudents : apprenez à notre bon Roi à ne pas faire cas de cette fauſſe ſageſſe, à ne ſuivre jamais dans ſes conſeils la prudence réprouvrée qui s'éleve contre l'Evangile. St. Jacques dit que cette ſageſſe eſt terreſtre & animale, diabolique, pleine d'intérêt, de paſſions, de déguiſement, de fauſſes maximes. Elle n'eſt propre qu'à troubler le Sacerdoce & l'Empire, à diviſer ces deux Puiſſances que J. C. a liées dans les Royaumes Chrétiens par un nœud indiſſoluble : elle forme les guerres, ravage l'Egliſe, profane le Sanctuaire, favoriſe les méchants, perſécute les gens de bien : & ſous prétexte de l'intérêt du Prince & de l'Etat, elle entreprend tout, juſqu'à ſoumettre l'Egliſe à ſes Loix, juſqu'à vouloir régler les fonctions les plus ſacrées de notre ſaint Miniſtere, ſans craindre la houlette des Paſteurs, ni celle du premier des Paſteurs ; juſqu'à s'élever au-deſſus de la vraie ſageſſe, qui, ſeule, ſelon l'Ecriture, fait régner les Rois : ce qui attire ſur les Etats la colere de Dieu, qui eſt le plus grand de tous les malheurs.

C'eſt à vous, Madame, à donner au Prince de la défiance des conſeils de cette fauſſe ſageſſe. Vous devez demander à Dieu de vous faire difcerner ces confeils, & les forces pour les détourner, ou les combattre. Je fais que vous ne pouvez pas tout faire, & que vous ne devez pas même faire toujours ce que vous pouvez : c'eſt dans les grands intérêts de l'Eglife & de l'Etat, lorſque vous voyez clairement le bien, qu'il faut employer votre crédit, & l'uſer même au ſervice de Dieu, ſi la néceſſité le demandoit. C'eſt alors qu'il faut pratiquer cette parole de l'Apôtre ; *Oubliant tout le reſte : courons où Dieu nous appelle.* C'eſt principalement pour la Foi, le fondement de tous les biens, que vous devez faire paroître votre zele, votre courage, votre ſageſſe. Enfin, Madame, aimez tendrement, ſagement, fortement J. C. & ſon Eglife, & faites tout ce que vous voudrez.

LETTRE XLIV.

Sur les Prophéties.

JE ne ſuis pas fâché de voir vos jours partagés entre les Rois & les ennuis. Il faut ſouvent ne leur rien dire pour leur parler plus utilement : il faut leur accorder des compliments humains, pour les disposer à recevoir les graces célestes, & à écouter les avis de la divine sagesse, quand le bon moment est venu : il faut y être fidele, quelle peine qu'on y trouve. Dieu vous a sanctifiée & vous a mise à la Cour pour y faire les œuvres de Dieu. Tout le reste doit tendre là, dans le secret de votre intention : mourez en faisant de bonnes œuvres, les œuvres pour lesquelles Dieu vous a destinée, & que vous seule pouvez faire : c'est la meilleure préparation à la mort. Votre salut est entre les mains de Dieu : il est mieux-là qu'entre les vôtres. Il vous a confié le salut des Grands : soyez fidelle aux occasions qui se présentent à vous : vous vous sauverez en tâchant de sauver les autres : ne regardez pas quel en est le succès : Dieu seul le connoît : lui seul donne l'accroissement : c'est à vous à planter & à arroser : il exige de vous le soin de certaines ames : il n'en exige pas la guérison. Il vous faut une sainte liberté d'esprit & une grande confiance en Dieu, jointe à une humilité profonde, pour vous acquitter de ces devoirs. N'oubliez jamais cette parole de de J. C. : *Sans moi, vous ne pouvez rien faire.* Vous êtes une *branche de sarmens*:

vous tirez tout de J. C. Si la vraie vigne, d'où vous fortez, cessoit un moment de vous communiquer la feve qui vous fait vivre, vous seriez morte : vos feuilles, vos fleurs, vos fruits & votre fónd, tout lui appartient. Déclarez-lui souvent dans vos prieres, par esprit de justice & de reconnoissance, que vous renoncez à toutes les folles pensées qui vous viennent malgré vous de votre propre mérite, que vous lui renvoyez toutes les louanges qu'on vous donne, & que vous ne voulez user de l'estime des hommes que comme d'un moyen de le glorifier davantage. Dites lui souvent ces paroles du Roi Prophete : *Ne me délaissez pas, Seigneur, quand mes forces diminueront.* Dieu vous aime tendrement, Madame ; il vous prépare de grands biens : il veut que vous en fassiez encore beaucoup ici-bas : soyez gaie, patiente, douce, charitable, condescendante, moins vive que jamais. Décriez ces pernicieux conseils de la politique des gens qui vous environnent & qui empoisonnent nos Princes. Jamais les crimes que la Religion proscrit, ne feront le bonheur d'un Etat : la Religion est le premier ressort des sages Gouvernements : tout lui doit céder : & la Foi, Madame, est le premier principe de la

Religion. Soyez prudente dans le bien : il y a un temps, une maniere, une mesure pour le bien faire : ne perdez pas courage, quelque renversement que vous voyiez, & quoique vos forces diminuent : quoiqu'en nous l'homme extérieur se détruise, l'homme intérieur se renouvelle de jour en jour : car ce moment si rapide des afflictions que nous souffrons en cette vie, produit en nous une gloire dont la solidité doit l'emporter sur tout.

Je sais, Madame, la confiance que vous avez en mon ministere : il ne vous manquera jamais, tant qu'il vous sera utile : je suis plus à vous en N. S. que je ne puis vous l'exprimer : celui qui vous inspire une confiance que je ne mérite pas par moi-même, me met au cœur un zele égal pour vous, & une espérance pareille en votre docilité : je vous gronderois, si je le croyois à propos : je vous presserois, si vous vous relâchiez : mais je crois devoir vous dire que Dieu, qui a partagé l'âge & les forces de notre vie, ne demande pas des vieillards ce qu'il exige des jeunes gens. Vous êtes à Dieu, & j'ai cette ferme confiance que vous ne lui échapperez jamais : ce sera par sa grace que vous demeurerez debout : mais ne vous lassez point de lui demander tous les jours le grand don de la persévérance.

Je suis charmé, Madame, de la piété du Roi & de celle de nos Princes dans la perte douloureuse que nous avons faite : ce sont des preuves que votre travail n'est pas sans fruit : c'est dans les coups imprévus de la Providence que l'on connoît mieux le fond du cœur. Hélas! que nos prévoyances sont incertaines! nous ne savons ce qu'il faut demander touchant les événements de cette vie; & le parti le plus sage & le plus sûr pour nous est de charger Dieu de nos intérêts, en nous déchargeant, avec une vraie foi, de toutes nos inquiétudes, dans son sein paternel : par-là il est comme engagé à prendre soin de nous. Ne cessez de lui demander la paix générale, le salut du Roi, & de nos Princes. Un seul homme juste a obtenu de Dieu les besoins de tout un peuple : les saints Rois ont obtenu de pareilles graces : Elie n'étoit qu'un homme : à sa priere, le Ciel s'est fermé, & s'est r'ouvert pour tout Israël. Il faut insinuer ces vérités au Roi, sa foi le met à portée de les entendre, & sa piété, de les goûter. Il ne peut rien faire sans J. C. : sa sagesse est vaine, ses efforts sont inutiles, ses armes ne donneroient que des coups d'enfant : tout est perdu si Dieu ne le soutient. Il veut que les Rois fassent comme David, comme Salomon, & tous les autres qui lui ont été agréables, qu'ils ayent recours à lui avec une persévérance fidelle. Voilà, Madame, le salut des Empires : car Dieu choisit ceux par qui il veut les sauver ; mais il faut qu'ils soient fideles, & qu'ils soutiennent la conduite de l'invisible, comme s'ils le voyoient. Vous êtes vous-même du nombre de ceux par qui le salut doit venir en Israël : soyez donc, Madame, toujours pour la foi sous la toute-puissante main de Dieu, qui seul perd & sauve, condamne aux portes de la mort, & en rappelle, non-seulement les prophéties, mais encore les peuples entiers.

Je vous enverrai tous les Livres de l'Ecriture sainte : vous pourrez tout lire : il n'y a nul danger pour vous ; je connois votre simplicité dans la Foi, & votre respect pour la parole de Dieu, dont vous révérez les profondeurs : je sais que vous n'en voulez sonder les obscurités que par l'interprétation de l'Eglise. Vous trouverez dans les manuscrits de M. de Meaux des réflexions importantes sur les Prophetes, & sur l'enchaînement miraculeux qu'ils ont avec J. C. & avec la Loi nouvelle, pour la confirmation de laquelle Dieu les a suscités : *Il falloit que tout ce qui est écrit de moi dans Moïse & dans les Pseaumes, & dans tous les Prophetes, fut entiérement accompli*, dit N. S. lui-même dans l'Evangile. Les libertins sont bien à plaindre, d'ignorer les démonstrations que Dieu lui-même nous a données de notre nouvelle Religion! Elle contient de grands mysteres : ils deviennent évidemment croyables par tout ce que Dieu a fait pour les rendre certains. Ce qui fait dire à St. Paul ces paroles profondes qui renferment toute l'économie des preuves de notre Religion : *Il est manifeste que le mystere de la piété est grand*. Notre Dieu a été manifesté dans une chair semblable à la nôtre : il a été justifié par le St. Esprit, qui a rempli les peuples : il s'est fait voir aux Anges, & ils ont rendu témoignage : il a été prêché aux nations idolâtres & incrédules : & ce qui est le plus grand des miracles, il a été cru dans le monde. Il faut ajouter que les témoins de sa Résurrection & de son Ascension, n'ont cessé de rendre témoignage, au milieu même des plus cruels supplices, sans qu'aucun d'eux se soit démenti, malgré les tourments de la plus ingénieuse cruauté. Ce qui dicte à St. Augustin cette réflexion, pleine de vérité & de sagesse ; ou le monde idolâtre a vu des prodiges de la part des Apôtres, qui l'ont obligé à embrasser la Foi, prêchée par les Apôtres : Dieu donc a établi la Religion pour laquelle il a tant fait de miracles ; ou bien le monde a cru sans miracles, & c'est-là des miracles le plus grand, que Dieu, par le pouvoir suprême qu'il a sur nos esprits & sur nos cœurs, ait obligé le monde incrédule à embrasser une Religion qui lui paroissoit si difficile à croire & à pratiquer. Dieu, par une profonde sagesse, a répandu & conservé les Juifs par toute la terre, en prédisant que cette nation demeureroit dispersée jusqu'à la consommation des siecles, afin de rendre témoignage aux prophéties anciennes, qu'elles sont véritables, & que les Chrétiens ne les ont pas supposées. Evénement singulier : les autres peuples plus puissants, & qui dominoient même sur tous les autres, se sont confondus avec les peuples qui les ont subjugués ; en sorte qu'on n'en voit pas aujourd'hui la moindre trace : des Medes, des Perses, des Grecs, des Romains, qui se sont succédés, des Goths, des Visigots, qui ont dominé autrefois dans nos contrées, qu'en reste-t-il ? ils ont été absorbés, dès que leur Monarchie a été renversée : les Juifs, sans Temple, fans autorité, chaffés de leur Judée, haïs de tous les peuples, en dépit de toutes les révolutions humaines, fe confervent par pelotons, en toutes les diverfes contrées où le fouffle de Dieu les a difperfés, & rendent malgré eux témoignage aux prophéties. Les Nations idolâtres difent, felon la penfée de St. Auguftin, fi ces prophéties font véritables, elles doivent s'entendre de J. C.: les Juifs difent : Elles font vraies, mais elles ne s'entendent pas de J. C. Les Chrétiens en concluent qu'elles font vraies, & doivent s'entendre de celui qui les a accomplies jufqu'aux plus petites circonftances. Ne pleurez point, Madame, votre état n'eft ni une tentation, ni une bifarrerie, mais un choix & une deftination de Dieu. Moïfe quitte pour la Foi, le palais de la fille de Pharaon, préférant l'opprobre du peuple de Dieu aux délices du péché. Dieu veut que vous foyez dans les palais des Princes, & que vous y fouffriez l'opprobre de J. C., aimant mieux par la Foi fouffrir pour les peuples l'affliction de travailler pour eux fans fruit, que d'être complice des iniquités & des plaifirs de la Cour.

LETTRE XLV.

Exhortations & Prieres.

NE souffrir jamais de peine au-dedans, ni de contradictions au-dehors, n'est pas de la vie présente, mais le privilege de la vie future.

Je vous conjure instamment, ô mon Dieu! de me préserver de l'accablement des embarras du siecle, des nécessités trop pressantes de mon corps, des attraits dangereux de la volupté, & de tous les obstacles à mon salut, afin que je ne tombe pas abattue sous un poids si pesant & si difficile : délivrez-moi, Seigneur, de ces miseres qui m'empêchent de voler librement vers vous. O unique consolation de mon cœur! tournez en amertumes tous les plaisirs, & modérez par l'onction de votre grace toutes les peines qui pourroient m'arrêter : que la chair & le sang ne me tourmentent point! que le monde & sa gloire si courte, ne me séduisent pas! que le Diable & tous ses artifices ne me trompent point! donnez-moi la force pour résister, la patience pour souffrir, la constance pour persévérer!

boire, manger, dormir, &c. c'est un pesant fardeau pour une ame fervente : donnez-moi d'être sobre, & modérée dans les choses innocentes, de m'abstenir des criminelles, de garder les bienséances de mon état, sans excéder ni d'un côté ni d'un autre, & de ne m'écarter jamais de vos préceptes ni de vos conseils, & d'avoir la mesure de la justice.

Voilà cette mesure pleine & entassée, que Dieu veut mettre dans votre sein. Il faut, outre cette pleine justice du dedans, une abondante & très-édifiante justice au-dehors. Dieu vous a mise à la Cour pour y briller par votre piété & par vos bonnes œuvres : il ne suffit pas de payer la *dixme de la menthe & du cumin* : il faut observer exactement la loi, la justice, la miséricorde. L'on ne voit presque à la Cour des demi-Chrétiens, qui ont pour regle l'Evangile mitigé, ou plutôt corrompu par la coutume ; Chrétiens qui veulent deux maîtres, vivre sous la loi de l'esprit & sous celle de la chair, dans la vertu, mais avec mollesse ; gagner les biens du Ciel, en possédant ceux de la terre, plaire à Dieu, sans déplaire aux hommes ; en un mot, bâtir une nouvelle cité entre Jérusalem & Babylone, où la charité regne de concert avec la cupidité.

Dieu vous éleve pour les édifier ou pour les confondre, pour leur montrer que le juste vit de la foi au milieu du siecle, qu'il pratique l'Evangile dans le centre du relâchement, & que sans quitter la voie droite, il sait remplir les plus grandes places quand Dieu le veut. Qui observe aujourd'hui votre sainte loi, ô mon Dieu ! vos élus qui la méditent jour & nuit, qui en font leurs délices, leur conseil, leur regle, qui l'estiment plus que tous les tréfors du monde, & qui, pleins de vos maximes, regardent comme une folle la sagesse mondaine. Rien ne prescrira contre la loi de Dieu, ni les opinions des hommes, ni les privileges de la coutume, ni la contagion des mauvais exemples, ni les fausses bienséances, ni les impossibilités prétendues du siecle. Ne faites pas comme les Scribes & les Pharisiens, Madame ; soyez fidelle aux plus grandes choses, donnez votre principale attention à vos principales obligations, & n'omettez pas les plus petites. Servez l'Eglise & l'Etat : servez & sanctifiez le Roi : soutenez St. Cyr : ne négligez pas les bonnes œuvres particulieres que Dieu attend de vous. Quand vous faites de petites choses, dites à Dieu que vous voudriez en faire davantage : & quand vous ferez les plus grandes, avouez-lui que vous êtes une servante inutile. Qu'est-ce que tout cela en comparaison de ce que Dieu a fait pour vous, & de ce qu'il paroît résolu de faire encore ? il vous comble de biens, il vous en prépare d'immenses, & vous ne lui donnez que la dixme de la menthe & du cumin. Les grandes occasions vous manquent souvent : quand elles se présenteront, ne les laissez pas échapper : préparez-les, ménagez-les, priez pour cela, rendez-vous sainte pour faire l'œuvre de Dieu ; attirez sur vous sans cesse la divine sagesse qui descend du Pere des lumieres : & quand le moment sera venu de servir au bien public, pratiquez la miséricorde & la foi. Enfin, Madame, que tout ce qui est juste, tout ce qui est pur, tout ce qui est aimable devant Dieu, tout ce qui est bon & parfait dans votre état, devienne l'occupation de votre esprit.

Vous m'avez demandé si vous devez faire les communions qu'on vous a permises : vous craignez qu'il n'y paroisse de l'affectation : faites-les ; vous avez besoin de nourriture, & vous n'êtes pas hypocrite : il ne faut pas que nous cessions d'être bons, parce que le monde est mauvais : il sera fâché de votre régularité, mais ce n'est pas à lui que vous voulez plaire : le Roi n'en est pas blessé, cela vous suffit.

Je ne sais pas, dites-vous, *à quel point j'offense Dieu dans mes impatiences intérieures, lorsque les autres me déplaisent.* Accusez-vous-en dans vos doutes : votre Confesseur vous éclaircira selon les circonstances particulieres. Lorsque ces dégoûts & ces impatiences sont un dépit contre le peu de piété, de droiture, de bonne foi de ceux avec qui vous avez à traiter, & dont il est bon que vous connoissiez le caractere, à cause de votre place, pour pouvoir, dans les occasions, procurer le bien public, il est difficile que le mal soit grand, & il arrivera souvent qu'il n'y en aura aucun, quand il est sûr que vous ne voudriez faire de mal à personne, que vous voudriez servir chacun selon ce qu'il convient au bien public, & sur-tout quand cette impatience & ces dégoûts ne vous font rien dire ni faire au-dehors qui soit contre la charité ou la justice. Vous devez cependant toujours tâcher de vous exciter à la compassion pour eux, & de vous humilier vous-même par la pensée, que peut-être ceux qui vous paroissent si mauvais, vous précéderont au Royaume de Dieu. Je vous mets au rang de ceux qui gouvernent, puisque par votre place vous avez tant de part aux plus grandes affaires. St. Augustin dit que les soupçons de ceux qui gouvernent, sont des soupçons de charité, & que ceux des autres sont des soupçons calomnieux. Comment pourroit-on gouverner, s'il n'étoit pas permis d'examiner la conduite des gens avec qui on a affaire, & si toutes les pensées qui viennent avec fondement à leur désavantage, étoient à rejetter comme contraires à la charité? Il faut prendre garde de ne pas soupçonner légérement : il faut encore moins juger absolument sans une déposition certaine de deux ou trois témoins irréprochables, ou une autorité de fait, ou l'aveu du coupable.

Vous me dites être toujours distraite dans vos prieres, & unie à Dieu dans vos occupations. Tâchez de vous mettre dans la présence de Dieu, en commençant vos prieres ; éloignez-en tout ce qui vous distrait, si vous le pouvez, en vous défaisant de plus en plus des affections trop grandes aux choses innocentes qui vous occupent. Servez-vous des sujets d'Oraison qui vous sont les plus propres, & qui vous touchent davantage : retournez souvent & fidélement à Dieu, quand

H vj

vous vous appercevez de vos distractions : & quelque peine que vous ayez, ne quittez pas l'Oraison : souvenez-vous de cette parole de St. Augustin : *Celui-là sait bien vivre, qui sait bien prier.* Je ne puis finir sans vous réitérer que je suis en Notre-Seigneur tout à vous sans réserve, que je meurs d'envie de vous rendre quelque service utile, que votre ame m'est plus chere que je ne puis l'exprimer, que je crois plus que jamais tous les gens de bien intéressés à prier pour vous, & à être de plus en plus à vous, parce que vous êtes à J. C., & par J. C. toute à Dieu.

LETTRE XLVI.

Sur l'état particulier de la dirigée.

IL est vrai, Madame, que votre état est une énigme : mais c'est Dieu qui l'a fait : il est si singulier, que vous ne l'auriez pas choisi, pas même imaginé : il ne faut pas s'étonner s'il vous a caché des secrets que vous ne connoissez qu'à mesure qu'il se découvre à vous : il en cache bien aussi au public, qui le surprendroient fort, si vous les lui disiez comme à moi, c'est le mystere de Dieu :

il est votre puissant Protecteur : il ne vous délaissera pas dans votre vieillesse : ces paroles de David me paroissent vous convenir. *J'ai paru comme un prodige à plusieurs, mais vous êtes mon puissant Protecteur ; que ma bouche soit remplie de vos louanges, afin que je chante toujours votre gloire & votre grandeur ; ne me rejettez pas dans le temps de ma vieillesse ; & maintenant que ma force est affoiblie, ne ne m'abandonnez pas.* Il a fallu que vous fussiez élevée, aimée, considérée, & dans l'état le plus grand, sans en avoir les apparences, afin de sanctifier ceux pour qui vous y êtes. Mais Dieu vous tient dénuée en effet, & abandonnée, afin de vous y sanctifier vous-même. Je crois comme vous, Madame, que tout ce que vous me marquez est une disposition de la Providence : c'est une grande grace de pénétrer ce mystere de Dieu : l'élévation de votre état vous donneroit la mort : les privations où Dieu vous met, vous donneront l'abondance de sa vie. Dieu conduit tous ceux qu'il aime à cet état de mort spirituelle, par des routes différentes : la vôtre est difficile à comprendre : c'est Dieu qui l'a faite : elle est si rare que vous êtes peut-être aujourd'hui l'unique. Qu'une Carmélite trouve dans son état cette mort sanctifiante qui produit beaucoup de fruits : cela se comprend sans peine. Mais qu'on trouve cette contrainte, cette privation, & cette mort évangelique au comble du crédit, de l'élévation, de l'abondance, & de l'empressement de la Cour, c'est le secret de Dieu. Quelque bonne volonté que vous ayez, vous comprendrez bientôt que par vous-même, vous n'auriez jamais pu vous élever à ce point de perfection : il falloit un secours particulier, & une Providence continuelle : c'est Dieu qui a commencé, en vous donnant cette bonne volonté : mais elle se lasseroit & n'atteindroit pas à tous les biens où Dieu vous conduit par la continuité de sa protection. Courage donc, Madame! vous êtes appellée à une grande sainteté & à une grande gloire : efforcez-vous d'assurer votre vocation & votre élection par une abondance de bonnes œuvres. Vous êtes appellée à un autre Royaume que celui où vous régnez : ne perdez pas de vue le lieu où vous allez, & le Roi qui vous attend : marchez dans le chemin qui vous y conduit. Vos impatiences ne vous nuiront pas : elles vous échappent souvent : quand elles seroient volontaires, ce qui est aisé, elles sont légeres : & il est de l'homme de ne pouvoir faire quelquefois la correction aux subalternes sans en sentir quelque mouvement. Il faut bien que vous parliez à vos femmes, & que vous grondiez même celles qui vous servent mal : quand il y a quelque chose de trop fort, un retour humble vers Dieu, une parole plus douce guérit aisément cette foiblesse : vous ne cessez pas d'aimer ceux que vous grondez ; cette charité est un grand préservatif.

Prenez vos commodités dans la priere : Dieu le veut bien, puisqu'il vous rend infirme : il faut vous présenter en esprit au Trône de Dieu, & de sa miséricorde avec confiance & avec amour : c'est-là la posture religieuse d'une ame fidelle. Les bonnes œuvres de votre état sont différentes de celles des autres : vous les pouvez faire étant infirme : une parole de sagesse suffit quelquefois pour l'Eglise, pour l'Etat, pour la correction des mauvaises mœurs & des scandales Il faut le faire sagement : mais la sagesse de l'Evangile est souvent fort opposée à celle du monde : elle prend les moyens doux, humbles : elle évite les contre-temps : elle donne peu pour avoir beaucoup : elle est patiente, mais elle est courageuse, & tend par-là efficacement au but. Je suis honteux, en vérité, Madame, de vous écrire ceci : car je me fens affoibli par les contradictions. Je comprends que l'amour de la vérité doit faire prendre les moyens de l'infinuer : quiconque aime le bien doit aimer à étudier les moyens d'y réuffir, la paix, la concorde, la patience, la douceur : mais auffi il faut quelquefois du courage pour facrifier la douceur de cette paix & de cette concorde au bien même. La maxime des Saints eft certaine, qu'il vaut mieux qu'il arrive des fcandales que de laiffer la vérité en péril. Que nous ferons heureux, quand nous ferons dans l'état parfait ! nous ne voyons à préfent qu'à travers un nuage; mais nous verrons alors à découvert : nous connoiffons aujourd'hui imparfaitement ; mais alors nous connoîtrons, comme nous fommes connus. Il faut pourtant marcher à cette lumiere obfcure qui nous eft donnée, & nous contenter de fuivre les regles. Quand je penfe à ce que vous êtes, Madame, je ne puis m'empêcher de vous appliquer les paroles de l'Apocalypfe : *Nous fommes devenus un fpectacle au monde, aux Anges & aux hommes.* Songez que Dieu a les yeux fur vous, & que votre capital eft de lui plaire. Vous devez réjouir les Anges, &

édifier les hommes malins & corrompus qui vous environnent, & consoler les gens de bien qui sont autour de vous : vous les fortifierez par votre ferveur, & par votre courage. Vous devez plaire à Dieu, au-dedans par la pureté de votre intention, & par l'ardeur de votre sincere piété : & vous devez luire au-dehors par vos bonnes œuvres, comme un astre au milieu d'une nation corrompue. Dieu ne vous a mise où vous êtes, que pour y faire glorifier son Nom : vous y devez être *la lumiere du monde, & le sel de la terre* ; c'est-à-dire, que votre vertu doit y être non-seulement sincere, intérieure, profondément enracinée en votre ame, mais encore éclatante, incorruptible. Si c'est à moi à vous demander compte de votre administration au nom du grand Pere de famille, je vous déclare que je ne vous demanderai rien moins qu'une abondante justice, une vertu édifiante, une foi courageuse, robuste, qui soutienne les foibles, & qui produise dans les autres une telle espérance des biens du Ciel, qu'on soit porté par votre exemple à mépriser ceux de la terre. C'est à vous à montrer à ces Courtisans, pleins de convoitises, le bonheur inestimable d'une charité patiente, douce, bienfaisante, sans envie, sans agitation, sans intérêt, sans aigreur, sans faux empressement, sans mauvais soupçons, sans joie maligne. O! que vous avez besoin d'être fidele à vos anciennes pratiques, prieres, lectures, examens, présence de Dieu, sacrifice de la Messe, autant que les occupations dont Dieu vous a chargée, vous le permettent! Que vous devez être fidelle aux bonnes œuvres de votre état! que sera-ce, si Dieu vous juge sur cette regle : *Qu'avez-vous pu faire à ma vigne, & qu'avez-vous fait ?*

Quelle reconnoissance ne devez-vous pas à Dieu de vous avoir fait digne d'un tel ministere! quelle marque de confiance & de prédilection! Dieu met entre vos mains les intérêts de l'Eglise, de l'Etat, le salut d'un grand Roi qui tient à tout, celui des Princes qui doivent régner après lui, & une infinité d'autres œuvres importantes : le Roi ne vous traite pas seulement comme sa premiere sujette, mais comme son amie, sa confidente, & son épouse, puisqu'il vous confie les choses les plus précieuses de son Royaume........ *Fille de Sion! réjouissez-vous, soyez ravie au Seigneur votre Dieu, parce qu'il vous a donné le Docteur de la justice.*

Bénissez le Seigneur qui a fait pour

vous tant de choses admirables. Si vous doutiez des victoires que l'obéissance vous a fait remporter, vous seriez ingrate au don de Dieu. Tenez-vous, Madame, sous le joug de l'obéissance : vous la devez au Roi : vous la devez aux Ministres de J. C. auxquels la Providence vous a soumise : au premier, comme à votre Seigneur & Maître; aux autres, comme à vos guides, & aux Envoyés de Dieu qui tiennent sa place pour vous conduire aux chemin du Ciel. Quand ils vous parlent au nom de J. C., si vous les écoutez, vous écoutez J. C. : si vous leur obéissez, vous obéissez à J. C. Quand je vous exhorte à cette vertu, je sais que je parle selon votre cœur, & je n'ignore pas que c'est-là toujours votre attrait. Dieu, voulant vous faire mere d'une grande communauté, vous a fait goûter & sentir les trésors immenses de l'obéissance, afin que vous fussiez en état de la recommander plus fortement à vos filles, & que vous en fissiez comme le fondement de votre institut. Soyez donc toujours une fille obéissante, vous que la Providence a fait comme la mere & la maîtresse des autres. Tant que vous serez sincere à dire toutes vos peines, elles se tourneront à la fin à votre profit : c'est ce qui fait que je ne suis point embarrassé sur vous, lors même que je vous vois triste & embarrassée : car je suis toujours sûr que le fond ne change pas : vous avez été un moment triste & découragée, mais je ne crains point que vous échappiez à l'obéissance : il me semble que Notre-Seigneur vous a liée, & que vous ne pouvez plus aller ailleurs. Je sens en vous une si grande docilité, que vos petites peines & tristesses ne la sauroient affoiblir : je ne crains pas que vous me désobéissez, tant que je ne vous demanderai rien que pour votre salut : je ne veux pourtant pas abuser de mon pouvoir ; je serai plus réservé : je vous demande aussi, Madame, de ne me plus épargner dans vos besoins. *Paul Cephas est à vous, vous êtes à J. C., & par J. C. à Dieu.* Je voudrois que vous connussiez à quel point je desirerois me sacrifier pour votre salut, & combien tous vos intérêts, petits & grands, me sont chers devant N. S. Allez donc avec un nouveau courage & de nouvelles forces travailler à la vigne du Seigneur qui vous est confiée : donnez-vous toutes aux peines, aux fatigues, aux embarras de votre état... Non-seulement votre ame est votre vigne ; mais le Roi est votre vigne : la paix de l'Etat eſt votre vigne : l'intérêt de l'Egliſe eſt votre vigne : la France eſt une vigne : St. Cyr eſt une vigne : allez donc avec courage *porter le poids du jour & de la chaleur* : le Maître de la vigne vous promet une récompenſe. Je vous enverrai un de ces jours, Madame, l'inſtruction que vous demandez ſur la Confeſſion. Plus vous purifierez votre ame, plus vous concevrez de douleur des fautes journalieres que votre fragilité & la contagion du monde vous feront commettre comme malgré vous : vous gémirez de vous voir encore ſi ſenſible & ſi attachée à la terre, ſi peu maîtreſſe de votre vivacité & de vos paſſions, ſi aiſée à vous laiſſer entraîner par les objets ſenſibles, ſi ſouvent amuſée par des imaginations, ſi diſſipée dans vos prieres, ſi dure dans la réception des Sacrements, trop orgueilleuſe dans la proſpérité, trop abattue dans l'adverſité, bien féconde en pieuſes réſolutions, pas aſſez courageuſe quand il en faut venir aux effets.

Après avoir humblement confeſſé de ſemblables fautes, quoiqu'avec une douleur qui ne vous paroît pas encore aſſez parfaite, comme je ſuppoſe qu'il n'y aura jamais en tout cela, rien d'important ou de pleinement volontaire, ajoutez quelque chose de la vie passée dont vous ayez une véritable contrition ; ce qui sera la matiere du Sacrement : vous verrez que votre contrition croissant s'étendra à la fin sur les moindres choses, & que vous vous trouverez bientôt dans l'état de Ste. Paule, qui, au rapport de St. Jérôme, versoit tant de larmes sur les moindres fautes qu'elle avoit faites, qu'on l'eût crue coupable des plus grands crimes : quand il l'avertissoit de ne pas se livrer ainsi à la douleur & aux larmes, elle lui répondoit : » Il faut réparer les » ris immodérés de ma vie passée par des » larmes abondantes ; il faut expier les » joies excessives du temps passé par des » afflictions sensibles ; il faut détruire ce » visage que j'ai pris tant de plaisir » à parer contre le commandement de » Dieu. " Usez sobrement, Madame, de ce que je vous écris ici : que cela serve à exciter la tendresse de votre contrition & de votre amour ; mais nullement à aller au-delà des choses dont nous sommes convenus. Quand il me paroîtra que Dieu demandera de vous de plus grandes austérités, je vous le dirai tout simplement comme à un enfant de grace dont Dieu me charge. Il n'est pas temps de détruire votre santé : conservez-la pour

la gloire de Dieu & pour le salut de
de celui à qui il vous a donnée.

LETTRE XLVII.

Sur l'état & les sentiments de la dirigée.

IL faut bien, Madame, que votre état soit de Dieu; car il y a tous les jours un étrange combat à soutenir, & il vous y protege & fortifie visiblement. Vous êtes au milieu d'hommes & de femmes qui ne songent qu'à la vie présente : & votre cœur n'est porté que vers les choses du Ciel, jusqu'à demander souvent de mourir. Les pécheurs vous environnent, & les meilleurs hommes qui vous appochent, sont pleins d'imperfections. Vous voudriez souvent de tout votre cœur être attachée à Dieu intimement, & devenir un même esprit avec lui : & vous êtes tiraillée de toutes parts ; & le bien même que Dieu vous donne en partage, vous refuse cette douce consolation, & vous expose à mille distractions. Vous voudriez que J. C. vécût en vous : & les objets de la Cour excitent souvent en vous votre propre vivacité, & ralentissent cette vie de Dieu. Vous voudriez servir l'Eglise & l'Etat : & vous trouvez des obstacles qui paroissent invincibles. Vous aimez quelqu'un que vous devez aimer, & il devient souvent votre plus rude croix, & vos sentiments sont toujours différents.... Vous êtes dans un âge & d'une santé où le repos vous conviendroit, & vous avez toujours à agir : vous êtes infirme & souvent malade, & vous avez à faire ce que vous faisiez il y a vingt ans. Vous êtes à la place des Reines, & vous n'avez pas la liberté d'une petite bourgeoise.

Je vous avouerai, Madame, que vous m'êtes une preuve bien sensible de la singuliere providence de Dieu sur les hommes & sur les justes dans les Etats les plus difficiles de la vie Chrétienne. Tâchez de posséder votre ame par la patience : partagez ce que vous pouvez remettre : ce qu'on fait pour Dieu doit être fait sans trouble : Dieu est le Dieu de paix, & il ne demande pas que nous fassions tout à la fois : au contraire, il nous dit par son Apôtre : *Que tout se fasse parmi vous avec ordre.*

Le bien de l'Eglise, de l'Etat, le salut du Roi, celui de la Princesse que la Providence vous a livrés, celui des autres Princes que vous seule pouvez ramener

mener à la piété, voilà votre tâche, voilà les œuvres que Dieu vous a préparées, & dans lesquelles il veut que vous marchiez : on ne vous demande pas le succès, mais le soin. Les contre-temps, les mécomptes passés ne doivent pas vous rebuter : si vous pouvez, prenez mieux votre temps : si vous vous êtes trompée en quelques points, profitez de votre expérience. Les obscurités de la vie ne doivent pas décourager, & réduire à l'inaction les ames que Dieu appelle à de grandes œuvres : il faut demander la lumiere, & la suivre quand elle paroît. Je suis ravi que Dieu vous fasse connoître les mouvements secrets de votre cœur : il vous éclaire sur vos fautes, il se montre à vous, & vous enflamme souvent de reconnoissance, de confiance, & d'amour. Malgré les obscurités dont vous vous plaignez souvent, je vois que l'esprit de Dieu, plus pénétrant qu'un glaive à deux tranchants, *pénetre en vous, jusqu'à la division de la chair & de l'esprit,* & vous fait connoître les mouvements de l'une & de l'autre. J'ai lu, avec plaisir, cet endroit de vos redditions d'Octobre. *Je crois pouvoir vous dire, que je n'ai jamais été plus occupée de Dieu, que je le suis ; je songe toujours à ne le point offen-*

ser, & je n'en suis pas plus contrainte. Vous m'écrivez ailleurs que j'excite souvent votre amour-propre par des louanges : que d'un côté, elles vous font voir toute votre foiblesse que je veux soutenir, & de l'autre, votre vanité par le goût que vous y prenez, & que vous renvoyez le tout à Dieu. Demeurez en paix, pourvu que je sache tout : c'est en effet, Madame, tout ce que vous avez à faire : ce qui vient de Dieu & qui est pour Dieu doit retourner à lui : quand je vous loue, j'excite votre reconnoissance & votre ferveur, en vous remettant devant les yeux, ce que vous avez reçu de Dieu, & ce que vous lui devez : le St. Esprit n'avoit-il pas appris à St. Paul ce qu'il étoit par la grace, & que cette grace n'avoit pas été vuide en lui, mais qu'elle y demeureroit toujours ? Il est vrai, Madame, que je suis très-content de vous : je vous vois ferme dans la voie du salut : vous l'écrivez vous-même, pour me faire connoître tout ce qui se passe en vous. *J'aime Dieu de tout mon cœur*, me dites-vous quelquefois, *je n'aime que lui* : & dans un autre endroit : *Je me trouve plus de bonne volonté que jamais, & toujours dans la ferveur ; je persiste dans cette bonne volonté, quoique sans goût sensible : mais le tirail-*

lement de ma place, ma mauvaife fanté, & la multitude des diftractions, me font bien manquer des prieres & des communions..... Je vois votre cœur, toujours en la préfence de Dieu, & un grand foin de purifier votre intention dans ce que vous faites. Soyez libre, foyez en paix, demeurez ferme & inébranlable dans la profeffion de votre efpérance : car *celui qui a promis eft fidele*. J'ai bien envie de le voir, de le bénir, de le louer éternellement avec vous.

LETTRE XLVIII.

Sur St. Cyr & fur la Cour.

UNe mere écoute fes enfants : il eft naturel qu'ils aillent à elle : votre Supérieure n'en fera pas jaloufe : vous les lui renverrez, pour les chofes ordinaires : je fais combien vous voulez qu'elles lui foient foumifes. Quand l'intérêt ou des vues humaines les conduiront à vous, vous les recevrez en les inftruifant fimplement avec la fageffe & la piété que Dieu vous a donnée. N'êtes-vous pas chargée d'une véritable miffion ? ne voulez-vous pas en remplir les devoirs ? n'eft-il pas à desirer que vos filles renferment la conduite de leur ame dans le confessionnal, & tout le reste dans le sein des Supérieurs du dedans ? ne savez-vous pas que l'Eglise vous a chargée de cette maison, aussi-bien que le Roi son fondateur, & que vous avez un pouvoir spirituel de fortifier les foibles, de consoler les pusillanimes, de corriger les inquietes, & d'exercer avec bonté & avec patience un ministere de salut envers toutes ? Allez avec confiance : Dieu sera avec vous : vous n'irez point seul en Paradis : & vous direz à Dieu : *Me voici, Seigneur, avec les enfants que vous m'avez donnés.* La seule réserve que j'établis, Madame, s'il vous plaît pour toujours, dans l'exercice de vos fonctions à St. Cyr, c'est que vous ne fassiez point aujourd'hui, aux dépens de votre santé, ce que vous pouvez faire également bien un autre jour de la semaine, ou du mois que vous sachiez renvoyer vos filles avec un mot, & qu'enfin vous vous ménagiez pour ceux à qui vous vous devez. Les impressions que vous jettez dans l'esprit du Roi en faveur de l'Eglise, vous donneront part à tout le bien qui se fera. Je compterois pour peu les affections que la grace excite en vous, si je ne voyois des œuvres.

Dieu en demande de vous de grandes, de grands services à l'Eglise, & de grands soins des pauvres. Hasardez quelquefois des avis dans les affaires importantes : & abstenez-vous-en dans les petites par l'incertitude du succès : représentez avez force les inconvénients des mauvais conseils. N'autorisez jamais ces sensualités, ce luxe, cette mollesse qui regnent où vous êtes : c'est à vous, Madame, à réformer le monde : ne vous conformez donc jamais à lui par une lâche condescendance : mais fuyez les singularités. Vos commodités sont la suite de votre place, & non l'effet de vos recherches : comment pourriez-vous quitter les unes sans l'autre ? ne vous en troublez pas : votre cœur n'est point dans ces choses : usez-en selon les besoins de votre santé. Continuez à dire à Dieu : *Vous savez, Seigneur, que mon cœur n'est point dans la vanité, ni dans les superfluités de l'état où vous m'avez mise.* Mortifiez quelquefois un peu votre vue, une autre fois votre goût : mettez un moment votre corps en quelque contrainte, selon que la grace vous l'inspirera, sans scrupule, sans embarras, & sans suite. Ne craignez point, Madame, de répéter nos anciennes plaintes : je ne craindrai point de vous redire ce que vous avez déja entendu, non pour vous apprendre quelque chose de nouveau, mais pour vous exciter de plus en plus : l'Eglise nous redit toutes les années ce que nous avons appris les années précédentes, pour nous remettre dans les sentiments qui s'effacent par le malheur de notre fragilité.

Ne vous mirez jamais dans vos perfections, pour vous complaire en vous-même, & pour vous préférer aux autres : quel progrès que Dieu accorde à votre piété, ayez toujours une charité patiente & compatissante pour les autres : soyez bien éloignée de ces Saints & de ces Saintes qui se préferent en secret à toute la terre, qui se piquent de savoir les secrets de la vie spirituelle, & qui croyent qu'on ne peut s'écarter de leur conduite sans s'égarer : quand ces personnes auroient conversé avec les Anges, & seroient arrivées au plus haut degré de la contemplation, je ne vous souhaiterois point leur prétendue sainteté : *Je ne veux point de consolation*, dit Thomas à Kempis, *qui ôte la componction*.

LETTRE XLIX.

Sur la douleur.

ON me dit hier au soir, Madame, que vous souffriez beaucoup d'un mal de dents : Dieu soit béni ! il afflige ce qu'il aime : la douleur est le partage de ses enfants chéris, & je me réjouis de ce que vous êtes du nombre : ils ont la paix dans la douleur, & sont heureux de souffrir, pendant que le monde est véritablement malheureux dans la joie. Le temps de la douleur est bon pour édifier le Roi, qui n'est pas accoutumé à souffrir, & qui sera plus touché de vous voir patiente, que de tous les sentiments de perfection, en pleine santé, qui lui paroîtroient peut-être des raffinements : montrez-lui donc ce que c'est que de se nourrir de la volonté de Dieu & de l'aimer paisiblement au milieu des peines : la douleur est la meilleure des austérités. Si je ne voyois en vous que la crainte des châtiments, ou un amour apparent, tel que celui des gens du siecle, qui ne gardent point les Commandements de Dieu, je vous intimiderois, au-lieu de vous confoler : mais je ne puis douter que vous n'aimiez Dieu par préférence à tout, puisque vous gardez fa parole, & que non-feulement vous voulez être fidelle à fes Commandements, mais encore à fes confeils. Je vois en vous du courage, de la fermeté, une vraie crainte d'offenfer Dieu. Je vous fus un fi bon gré derniérement, de ce que vous confeillant de réparer le matin le défaut du fommeil, à caufe de vos migraines, vous m'objectâtes d'abord vos pénitences de néceffité ! Dieu pourroit-il abandonner une ame qui ne le veut point quitter, quoiqu'il lui en coûte, & qui donneroit fa vie plutôt que de l'offenfer jamais ? je vous l'ai déja dit, & je vous le répété avec plaifir, (car je vois bien que vous ne vous laffez point d'en recevoir les affurances) il m'a paru une grande prédilection de Dieu fur vous : j'ai vu le bras du Tout-Puiffant étendu fur vous, & je ne doute point que Dieu n'ait fur vous quelque grand deffein.

LETTRE L.

Sur le nom de Jesus.

L'Amitié que vous avez pour le Roi, doit se purifier par la douleur : c'est peu de n'avoir aucune attache : il faut renoncer à toute consolation, & supporter les choses les plus humiliantes avec le même courage que les plus heureuses. Vous ne sauriez devenir trop petite sous votre croix : & vous n'aurez jamais tant de liberté, d'autorité, & d'efficace dans vos paroles, que lorsque vous serez bien humiliée, & petite par le renoncement à toute votre sensibilité : il faut devenir pauvre & foible selon le monde, pour mourir à sa propre force & pour être revêtu de celle de Dieu, qui est jaloux de ne prendre que le néant pour instrument de ses ouvrages, & qui choisit les choses les plus foibles, comme dit St. Paul, pour confondre les plus fortes. Si la pratique qu'on vous a donnée de vous contraindre dans la conversation, tend à éviter le mal où l'on a connu que vous tombiez pas trop de liberté, elle vous devient nécessaire : si c'est comme un moyen de plus grande perfection qu'on vous a cru propre, nous verrons enfemble, Madame, comme vous vous en trouverez pour vous, & pour les autres : car votre état & votre perfection n'eſt pas l'état & la perfection d'un folitaire : & il faut bien fe donner de garde, dit St. Bernard, ou de donner aux autres ce que nous avons reçu pour nous, ou de retenir pour nous ce que nous avons reçu pour les autres. Pourquoi dites-vous, que vous n'avancez point du tout ? Ne reconnoiſſez-vous pas que toute chair eſt comme l'herbe, qu'elle tombe & fe feche le foir ? ne voulez-vous pas de tout votre cœur, que Dieu feul foit glorifié en vous, par vous, & aux dépens de vous? O que cette vertu eſt rare dans le fiecle où nous fommes ! l'on ne voit qu'amour-propre & cupidité. Aimez, je vous le dirois toujours, fi je pouvois ; car tout eſt compris en ce grand mot, aimez, aimez fouverainement Jefus notre aimable Sauveur, qui ne s'eſt fait homme & Sauveur que pour fe faire aimer de nous, & nous faire aimer Dieu par lui. Tout eſt fec & infipide fans lui, felon St. Bernard : *Un livre n'a point de goût pour moi, dit ce Pere, fi je ne trouve le nom de Jefus ; une conférence ne me* satisfait point, si l'on n'y parle de Jesus. Jesus est une mélodie aux oreilles, du miel en la bouche, un chant d'allégresse au cœur. Devant ce Nom salutaire, qui a jamais persisté dans son endurcissement, ou dans sa paresse, ou dans sa langueur ? Qui, étant saisi de frayeur dans un péril éminent, n'a pas reçu de la force & du courage ? Qui, étant flottant & irrésolu, n'a pas été déterminé par la clarté & la lumiere que l'invocation de ce Nom porte dans l'ame ? Qui, dans l'adversité, dans la défiance, n'a pas repris une nouvelle vigueur au seul son de ce Nom secourable ? Il n'est rien de plus propre à écraser l'impétuosité de l'orgueil, de la colere, & à bannir tous les mauvais desirs : car quand je nomme Jesus, je me représente un homme doux & humble de cœur, bon, sobre, patient, chaste, doux, plein de miséricorde, enfin, orné de toutes les vertus : je conçois toutes choses en celui qui me tient lieu de toutes choses.

Il me semble que vous l'aimez : car vous êtes ravie de le recevoir : vous serez véritablement hors de vous-même, quand vous le verrez face à face, & que vous en jouirez purement. A quoi pensons-nous, si nous ne pensons à ce souverain bonheur ?

LETTRE LI.

Sur la souffrance.

Malgré les afflictions qui vous accablent, j'ai cru jusqu'ici me devoir renfermer dans des desirs & des prieres. Je ne puis plus m'empêcher de vous dire, Madame, que si d'un côté je vous ai plaint dans votre double souffrance, j'ai pensé de l'autre que Dieu, vous réduisant à lui tout seul pour vous consoler, il vous feroit trouver en lui tout le soutien & toute la force que vous ne pouviez tirer de la part des hommes. On est, en vérité, bien heureux, quand Dieu nous est toutes choses : c'étoit le bonheur de St. François, que vous aimez tant, quand il disoit : *Mon Dieu est mon tout.* C'est déja un grand bonheur, selon l'Evangile, qui est une regle infaillible, de passer par les afflictions, qui sont le partage des justes : c'en est un plus grand de croire bien sincérement qu'on est vraiment heureux quand on pleure avec J. C., & qu'on porte avec lui sa Croix ;

mais le plus grand de tous, est de souffrir sans autre consolation que celle du Ciel, & dans la préparation d'esprit, & d'en demeurer encore privé, s'il plait à Dieu de nous l'ôter.

Il est d'une haute vertu & d'un grand mérite de ne rien laisser échapper de ses tristesses, par des manieres chagrines, qui puissent affliger le prochain : ainsi on peut être à la fois plein d'amertume pour soi-même, & remplie de douceur pour les autres : & l'on trouve le moyen d'être tout ensemble crucifié au-dedans de soi, sans être, pour ainsi dire, crucifiant à l'égard de personne.

Que personne ne soit attristé de vos paroles & de vos airs : si vous n'en êtes pas encore-là, vous desirez du moins d'y parvenir, & vous y parviendrez, puisque vous reconnoissez humblement que vous en êtes bien éloignée, & que vous gémissez en secret de n'y être pas parvenue. Pour y arriver, je ne serois pas d'avis que vous prissiez la résolution de vous faire toute la violence dont vous êtes capable : mais je voudrois que, de temps en temps, vous représentassiez doucement à Dieu dans le fond de votre cœur votre foiblesse naturelle. Ne faites point difficulté, Madame, dans les moments que vous avez à vous, de vous enfermer seule, non-seulement pour y respirer un peu de la contrainte que vous avez ailleurs, mais même pour y répandre avec plus de liberté quelques larmes aux pieds de N. S. dans votre petit Oratoire. Il y a souvent de l'orgueil & de l'esprit philosophe à vouloir être trop ferme : il est quelquefois plus humble de se permettre d'être foible : & c'étoit-là la pratique de David, de répandre son cœur devant Dieu dans la priere, de lui exposer sa souffrance, & de pleurer comme un enfant devant son pere. Après ce petit affoiblissement volontaire, dont J. C. même nous a donné l'exemple, dans le jardin & sur la croix, représentez au Pere éternel l'extrémité de vos maux, & relevez-vous avec un nouveau courage, pour aller au-devant de ceux qui vous attendent par-tout, & qui vous sont nécessaires pour empêcher que le monde ne vous gâte.

LETTRE LII.

Sur les découragements de la dirigée.

JE suis accablée de soins, de peines, & d'affaires temporelles : je suis investie de tout ce qui me déplait, & de tout ce à quoi je ne suis pas propre. Quand ma conversation sera-t-elle dans le Ciel? je ne communie que par obéissance : je n'acquiers aucune vertu : je ne me fais aucune violence pour l'amour de Dieu, & je ne connois point l'union avec lui. La priere m'ennuye : je ne sais ni la continuer ni la reprendre. Sous prétexte d'obéissance, je suis toujours occupée de ma santé : j'ai une continuelle application à éviter ce qui pourroit me lasser & m'incommoder : mon esprit ne peut se soumettre à la contrainte des exercices de piété : je médite mal : en un mot, je ne puis comprendre sur quoi est fondé l'espérance que j'ai de mon salut. Cependant je prie continuellement, si gémir devant Dieu est une priere : du reste, je suis comme hébétée par l'accablement de mes peines & de ma tristesse.

Voilà, Madame, ce que vous m'écrivez : je voulois y répondre à loisir : mais j'ai eu tant d'affaires depuis ce temps-là, que je ne fais fi j'aurois le courage de travailler à votre guérifon, fuppofé que vous fuffiez auffi malade que vous l'expofez. Mon état me fait mieux comprendre le vôtre : je n'ai que des affaires fpirituelles : & par leur multitude & le commerce où elles m'engagent, elles me rendent temporel & diffipé : mais je fais les graces que Dieu vous fait, & je ne crains point de vous encourager à une plus ferme confiance que jamais. L'efpérance de votre falut eft bien fondée : elle eft fondée fur une miféricorde finguliere de N. S. J. C. fur vous, à laquelle je vous vois correfpondre, depuis bien des années, avec un nouvel accroiffement de bonne volonté & de ferveur : il n'y auroit à craindre pour vous que le découragement & l'infidélité : & je vois que c'eft-là tout ce que vous craignez fouverainement vous-même ! les premieres approches du relâchement vous allarment. Si vous ceffiez d'être dans ces difpofitions, je cefferois d'efpérer fi fort pour vous, & votre confiance me paroîtroit hafardée. Craignez votre foibleffe, mais efpérez davantage au fecours d'en-haut. St. Grégoire remarque que la conduite ordinaire de Dieu fur les juftes, eft de leur laiffer quelques imperfections, afin qu'au milieu de l'éclat des vertus, qui les rend l'édification de tout le monde, l'ennui que leur causent ces imperfections, les tienne dans l'abaissement, & que les difficultés qu'ils éprouvent à résister au mal, en de petites occasions, leur apprennent à ne se point enorgueillir de la victoire qu'ils remportent dans les grandes. Si votre cœur ne conversoit pas dans le Ciel, vous prendriez plus de plaisir aux conversations de la terre. Il est très-bon de communier par obéissance, même sans attrait sensible. Quand on est dans les dispositions où vous êtes, il ne dépend pas de vous de le faire toujours avec goût : je sais que vous faites de grandes violences pour Dieu ; mais il n'est pas à propos que vous soyez dans une continuelle contrainte.

Vous devez, sans aucun scrupule, vous occuper de votre santé : elle n'est pas à vous, & vous en rendrez compte à Israël, à qui elle appartient.

C'est à J. C. que vous devez le pur amour qui vous domine, depuis que j'ai l'honneur de vous connoître, cette science de la foi qui vous éleve au-dessus des sages du siecle, cette crainte filiale, qui vous donne tant d'horreur du péché, cette espérance dont vous cherchez le fondement : c'est le partage des ames qui desirent J. C. avec ardeur, & qui se consacrent entiérement à lui : *Passez à moi, vous tous qui me desirez ardemment.* O bonheur inestimable ! vous l'avez cherché avec ardeur, vous l'avez trouvé : vous vous êtes portée vers ce Dieu des vertus & de toute consolation : vous n'êtes plus à vous, vous êtes à J. C. sans réserve & sans retour, par la préparation de votre cœur : vous avez déja quitté le monde, quoique vous soyez encore au milieu du monde ; vous avez passé dans le monde nouveau de la grace & de la sainteté, où l'on trouve J. C., où l'on reçoit les biens de J. C., où l'on goûte J. C. & ses délices. Il est vrai que vous desirez encore, que vous cherchez encore, que vous êtes encore plus affamée, plus altérée qu'auparavant : je vois par toutes vos redditions, où vous m'exposez l'état de votre intérieur ; je vois, dis-je, que vous gémissez toujours de n'être pas assez unie à Dieu, & que vous aspirez à une plus grande perfection : ce sont-là les marques du salut ; voilà le caractere de ceux que Dieu aime : *Ceux qui me mangent auront encore faim, & ceux qui me boivent auront encore soif.*

Les personnes, qui ont quelque expérience de la conduite de Dieu à l'égard des bonnes ames, ne trouveront rien de nouveau ni d'extraordinaire dans vos vicissitudes de tiédeur & de ferveur; car, on a vu de tout temps cette alternative de paix & de trouble dans les plus grands Saints: de-là vient qu'un d'eux disoit dans son abondance: *Je ne serai jamais ébranlé*; & il ajoute aussi-tôt: *Vous avez détourné votre visage de moi, & je suis tombé dans le trouble.* Le soir, dit le même David: *nous serons dans les larmes, & le matin dans la joie.*

Après vous avoir fait observer ce que J. C. est pour vous, voyons ce que vous devez être pour lui. L'Epître du Dimanche de cette Octave vous l'apprend en peu de mots; 1°. *Celui qui m'écoute ne sera pas confondu.* 2°. *Ceux qui agissent en moi ne pécheront pas.* 3°. *Ceux qui apprennent aux autres à me connoître, auront la vie éternelle.*

Voilà ce que vous devez faire pour plaire à J. C., & la récompense de votre fidélité. 1°. Il faut écouter avec une souveraine soumission cette Sagesse incarnée, qui est pour vous l'unique voie, l'unique vérité, l'unique vie. Marie-Magdeleine étoit aux pieds de Jesus, & l'écoutoit:

la sainte Vierge, dit l'Evangile, *conservoit toutes ses paroles*: heureux moments dans lesquels Dieu parle à notre cœur! quand il se tait, il faut nous rappeller ce qu'il nous a dit. Quel besoin n'avez-vous pas de recourir aux conseils de la sagesse dans l'état où elle vous a mise, & dans le temps où nous sommes?

Elle vous mettra au cœur des paroles de paix pour son peuple, des paroles de sanctification pour les Princes & les Grands de la terre, des paroles de sagesse & de vérité pour vous-même: une seule de ses paroles peut vous éclairer pour le reste de vôtre vie: *Le Seigneur a parlé une fois; & j'ai entendu ces deux choses, que la puissance est à Dieu, & que la miséricorde est à vous, Seigneur, & que vous rendez à chacun selon ses œuvres.*

2°. *Ceux qui agissent en moi ne pécheront pas.* Une ame, qui prête l'oreille aux paroles de la Sagesse, est féconde en bonnes œuvres: les bonnes œuvres sont l'aiman de la charité. Dieu demande de vous les œuvres que vous seule pouvez faire: elles vous suivront dans l'éternité. La plupart des Chrétiens passent leur vie à ne rien faire, ou à faire du mal, ou à faire toute autre chose que ce qu'ils devroient: graces à Dieu, je vous vois occupée des œuvres de votre état : vous les faites en Dieu, & pour Dieu : j'en espere pour vous une grande récompense : je les regarde comme un gage plus certain de votre salut, que si vous faisiez des miracles, & que si vous prophétisiez; parce que l'Evangile m'apprend qu'il y aura des faiseurs de miracles, & des prophetes qui seront rejettés sur ce qu'ils n'ont pas fait la volonté de Dieu.

3°. *Ceux qui apprennent aux autres à me connoître auront la vie éternelle.* Voilà, Madame, un des fondements sur lesquels l'espérance de votre salut est appuyée : vous avez travaillé à St. Cyr, à la Cour, & ailleurs, à faire connoître & aimer celui de qui vous tenez tout : je sais mieux qu'un autre que vous ne voulez perdre aucune occasion de continuer, tant que vous vivrez ; vous aurez la vie éternelle : *ceux qui instruiront les autres à la justice, seront éclatants comme des étoiles dans l'éternité,* dit un Prophete : on sauve son ame en sauvant les autres, ou du moins en travaillant pour leur salut. Dieu vous a formée, comme il forme tous ceux qu'il destine aux grandes œuvres : voyez avec une profonde reconnoissance, la différence de votre personnage à celui de tant de femmes vaines, frivoles, occupées à la Cour du soin de perdre les hommes, & de se perdre avec eux, traînant dans le vice une vieillesse honteuse, ambitieuses jusques sur les bords du tombeau : vous pouvez bien dire avec un saint Roi : *Un meilleur héritage m'est échu par le sort.*

LETTRE LIII.

Sur l'inquiétude dans les affaires.

IL est, Madame, une inquiétude criminelle, qui vient d'un défaut de Religion, & d'un amour excessif pour les biens de la terre ; une inquiétude que les passions du siecle excitent dans les mondains. Je ne la touche ici en passant, que pour bénir Dieu de vous en avoir préservée : cette inquiétude est très-mortelle dans son principe & dans ses effets. Les hommes sans foi s'abandonnent plus ou moins, selon les divers événements de la vie, à la tristesse, au murmure contre la Providence, à la vengeance, à toutes sortes d'injustices : ils attribuent leur disgrace aux causes qui en sont les plus innocentes : leur langue n'épargne personne sur la terre : & elle profere des blasphêmes contre le Ciel : leur politique, pouffée à bout, s'épuife inutilement en nouveaux projets, qui enfantent de nouveaux tourments. Ce mot de J. C. : *Un feul de vos cheveux ne tombera pas fans l'ordre de votre Pere Célefte*, leur paroît une folie, un problême : il ne faut pas s'étonner, fi leur fauffe fageffe, qui ofe s'élever contre Dieu, fe trouve engloutie dans les flots de l'adverfité.

Vous êtes, Madame, bien loin de ce trifte état. Les *enfants de lumiere* n'ont rien de commun *avec des enfants de ténebres* : mais il y a une autre inquiétude pour les befoins de la vie préfente : quoique fon objet foit permis, elle doit cependant être fubordonnée aux foins du falut, & modérée par la confiance en Dieu, fuivant cette parole de l'Evangile : *Ne vous mettez point en peine des néceffités de la vie : car votre Pere Célefte fait de quoi vous avez befoin*. Il eft encore une autre inquiétude, qui a un très-bon objet ; telle étoit celle de Marthe, laquelle s'empreffoit un peu trop : elle craignoit de ne pas affez bien régaler N. S. : elle ne penfoit pas affez au repas fpirituel que J. C. vouloit donner à fon ame : & ce repas occupoit fa fœur Marie toute entiere. Le foin de Marthe étoit bon : fon feul défaut étoit d'être trop occupée de l'accessoire, & de négliger le principal.

Telle est, Madame, votre inquiétude: elle a pour objet la charité même, le bien de l'Etat, le salut du Roi, son repos, sa santé, la paix, le soulagement des peuples: Dieu vous garde de l'indifférence pour de tels objets! j'aimerois mieux vous absoudre pour toujours de vos sollicitudes, que de vous permettre une telle indolence. Je connois votre soumission à Dieu au milieu de vos sensibilités, & que c'est le seul Roi qui regne dans votre cœur, même dans vos plus grandes agitations. Il y a néanmoins du défaut dans cette inquiétude, qui vous abat, qui trouble votre repos, & qui nuit à votre santé: mais il faut avouer que souvent vous n'en êtes pas entiérement la maîtresse: ces mouvements sont naturels, ils ne laissent pas d'exciter de grands troubles dans la partie inférieure. St. Paul se plaignoit qu'il n'en étoit pas totalement le maître.

Une marque que ces mouvements ne sont pas volontaires, c'est qu'on ne les approuve pas, & qu'on veut se soumettre à Dieu, aux dépens de toutes ses répugnances: ainsi raisonne l'Apôtre: *Je n'approuve point ce que je fais: ainsi ce n'est* n'est plus moi qui fais cela : mais c'est *la concupiscence*. Voilà tout le mystere dont vous m'avez demandé l'éclaircissement : vos répugnances sont involontaires, & dans l'homme du dehors, qui est très-déraisonnable, & que vous ne gouvernez pas absolument comme vous voulez : elles ne sont pas dans l'homme intérieur & véritable, que je sais être absolument & aveuglément dévoué à l'ordre de Dieu. Quelle consolation, Madame, d'être en J. C., & d'y être solidement établie & enracinée ! ces combats se tournent en mérite : on souffre, on s'humilie, on se purifie, on aime plus fortement : car les combats fortifient celles qui peuvent dire, comme l'épouse : *Mon bien-aimé est à moi : & je suis à lui*. Il faut que vous soyez humble, plus charitable, plus zélée, plus patiente, & plus unie à Dieu, par le fond de votre volonté & de votre cœur, que vous ne l'avez encore été : car quel est, Madame, votre appui, votre espoir, votre consolation, votre desir ? n'est-ce pas Dieu, le Dieu de votre cœur, celui qui sera votre partage pour toujours ? où pouvez-vous être bien sans lui ? où pouvez-vous être mal avec lui ? il est à St. Cyr, au milieu de ses épouses, avec une bonté par-

Tome IX.   K

ticuliere : mais il est à la Cour, à Fontainebleau, & en tous lieux, plein d'une miséricorde sans limites pour ceux qui l'aiment. Ce qui vous reste de vie doit être tout à lui : il aura soin de votre mort. Un grand serviteur de Dieu que vous connoissez bien, (St. François de Sales) disoit à Dieu : » Quand je jette
» les yeux hors de vous, je n'y décou-
» vre rien de solide : je n'y vois ni ami-
» tié qui me puisse servir, ni puissance
» capable de me soutenir, ni conseil qui
» me puisse aider : je n'y trouve ni li-
» vre, ni discours qui me console, ni
» or, ni argent qui me délivre de mes
» peines, ni retraite qui m'assure & qui
» me défende : il faut que vous-même,
» ô mon Dieu ! daignez me secourir, com-
» me étant le seul qui puissiez me con-
» soler, m'instruire & me défendre ».

Portez courageusement les tribulations du Roi & de l'Etat : notre sagesse est bien courte dans les adversités. Si Dieu, qui abaisse & qui releve à son gré, ne nous secouroit particuliérement, notre politique seroit à bout; & pour parler le langage de l'Ecriture, *la prudence des prudents seroit engloutie dans les flots de notre tribulation :* mais il faut espérer au Seigneur qui soutient, & non en la créature qui tombe, & jetter souvent les yeux vers ce Royaume inébranlable qui demeure, & ne nous point attacher à celui qui passe: *O sainte Sion!* s'écrie St. Augustin, *où tout subsiste & rien ne change.* Faites, Madame, ce que votre place demande, pour consoler les affligés, & pour redresser les politiques, en leur apprenant à ne pas tenter Dieu, à espérer en lui, à faire ce que la nécessité requiert, & non ce que l'orgueil ou la précipitation suggerent; consolez-vous vous-même des afflictions qui naissent du mauvais état des affaires publiques. C'est principalement dans l'adversité que le juste doit vivre de la foi: bannissez les autres sujets qui pourroient vous attrister: amusez les autres dans les moments destinés à cela: car une abondante tristesse seroit une abondante tentation pour vous.

LETTRE LIV.

Sur l'utilité des redditions de compte.

JE vous conseille la pratique de vos redditions avec plus de zele que jamais, parce que j'ai connu par expérience combien elle vous est avantageuse. Vous y pratiquez la vigilance tant recommandée dans l'Ecriture : vous rendez compte au Ministre de J. C. de votre administration : c'est aussi un acte d'humilité & d'obéissance, vertus que Dieu aime singulièrement, & dont il vous a inspiré le goût. Si vous n'étiez pas devenue comme un petit enfant, vous seriez bien loin de la perfection, & vous n'auriez ni la paix, ni la sûreté où vous êtes arrivée. C'est encore un acte de grande sagesse & de prévoyance : vous trouvez dans le trésor du ministere que J. C. a établi, des lumieres que votre esprit naturel, tout bon qu'il est, ne vous donneroit pas. Dieu répand par le canal de la consultation, des lumieres célestes, des décisions salutaires dans les doutes de la vie, que les personnes qui ne consultent qu'elles-mêmes, ne reçoivent pas : vous prenez des conseils sur l'avenir, en disant journellement dans vos redditions ce qui vous est arrivé : & toute la prudence humaine ne vous feroit pas prévoir ce que le souverain Directeur de nos ames vous découvrira par son Ministre. *Allez à Ananias*, c'est par lui que Dieu vous dira ce que vous aurez à faire. Rien n'est plus aveugle que de vouloir se conduire soi-même : vous prévenez par votre soumission votre jugement : vos comptes seront rendus, & vous n'aurez plus de jugement à subir : *Si nous nous jugions nous-mêmes*, dit St. Paul, *nous ne serions pas jugés*. Enfin, Madame c'est-là le point le plus essentiel que les plus saints & les plus sages Peres de la vie spirituelle ont le plus recommandé pour éviter les pieges du Diable, pour se soutenir dans les tentations, pour avancer à grands pas dans la vertu, pour se rélever promptement dans les fautes, pour persévérer dans le bien. St. Dorothée, réfutant les raisons auxquelles on attribue souvent le relâchement & la chûte de certaines ames, dit que le mal vient uniquement de ce qu'on s'est caché à son Pere spirituel, & qu'on ne lui a pas découvert le fond de son cœur: le Médecin ne guérit point les maux qu'on lui dissimule, & le St. Esprit nous avertit que celui qui cache ses fautes ne sauroit être bien conduit.

C'est principalement dans la Religion qu'on trouve le trésor d'un fidele ami : les Grands du monde, qui ne cherchent que des flatteurs, n'auront que des trompeurs pour amis : ils ne méritent pas d'être bien servis : ils veulent paroître ce qu'ils ne sont pas, & ne veulent jamais qu'on voye ce qu'ils sont : il faut leur mettre des couffins fous leurs coudes & des oreillers fous leur tête : Dites-nous des choses agréables, disent-ils à ceux qui les approchent : ils reffemblent à ce Roi d'Ifraël, environné de faux Prophetes, & qui craignoit d'en trouver un véritable : *Cet homme*, difoit-il, *ne m'annonce jamais que du mal* : il appelloit mal ce qui étoit l'unique bien pour lui : il eut le fort qu'il méritoit, il périt par la féduction.

Pour vous, Madame, qui avez cherché avec une fimplicité parfaite à être bien conduite, Dieu ne permettra pas qu'on vous flatte : continuez à demander à Dieu l'humilité, la douceur, la patience dans les fouffrances : foyez fidelle à votre pratique de la préfence de Dieu : demandez auffi avec inftance l'efprit de priere & les vertus dont vous fentez le preffant befoin en différentes occafions : frappez fouvent à la porte du Pere des miféricordes & de lumiere : demandez la perfévérance, c'eft le fruit de la priere : que feroit-ce fi vous ne perféveriez pas jufqu'à la fin ? Excitez-vous, le mieux que vous pouvez, au commencement de la priere, pour offrir le facrifice de louanges : portez-y un cœur affamé de la juftice. Dieu faura bien réunir les parties

de votre Oraison qui paroissent séparées.
Ayez bon courage; soyez un homme dans
votre piété: soutenez le combat: ne vous
lassez point: défendez toujours la vérité
contre les nouveautés: elle en a un très-
grand besoin, & c'est-là une de vos obligations: les décisions de l'Eglise vous
donnent droit de parler en toute sûreté
contre le Jansénisme & le Calvinisme:
suggérez les moyens convenables pour détruire ces Sectes: & dites avec le prophete: *Conduisez-moi, Seigneur, dans le
chemin de la vérité.*

LETTRE LV.

Sur les bienfaits de Dieu.

Vous êtes, Madame, de ces ames
fortunées, c'est-à-dire, prévenues de
graces. Je craignis, je vous l'avoue, de
trouver en vous les inégalités des personnes du monde, lorsqu'il fut question
de me charger de votre ame: votre constance, votre affermissement, votre amour
pour N. S., votre progrès, & vos desirs
ardents pour l'humilité & la dépendan-
ce, me font croire que vous n'êtes plus
du monde, quoique vous soyez dans le

centre du monde même : vous êtes du nombre des brebis, des enfants, des épouses, des favorites : tenez bien ce que vous avez : ne le laissez pas donner à un autre : & pour demeurer fidelle à votre état, soyez fidelle, s'il se peut, aux moindres graces : profitez de l'avis du St. Esprit ; que la moindre portion des dons de Dieu ne soit pas perdue en vous, & de ce mot : *Celui qui sera fidele dans les petites choses sera fidele dans les plus grandes.* Celle-là est bien éloignée de quitter Dieu dans les choses essentielles, qui craint de ne lui pas obéir ponctuellement jusques dans les conseils..... Vous ne pouvez, Madame, ne vous pas être apperçue en votre particulier de cette bonté infinie de Dieu envers vous : il vous enrichit tous les jours ; & vous détache de tout : *Il met au loin ce qui vous est le plus proche :* il fait que tout vous porte à Dieu : il vous recueille au milieu de la plus grande dissipation : il met en leur place les amis, les parents, le bien, &c. Il semble qu'il vous sépare insensiblement de vous-même, pour vous préparer à tout quitter sans peine, quand il le voudra. O qu'il a fallu qu'il vous ait aimée pour surmonter tant d'obstacles, & pour se communiquer à vous avec tant d'effusion ! il vous avoit donné un riche naturel, parce qu'il vous aimoit : il vous a retirée du malheur de votre naissance, parce qu'il vous aimoit : il vous a fait depuis mille graces différentes, parce qu'il vous aimoit ; mais que cette charité de Dieu a été peut-être long-temps exercée par la dissipation, la tiédeur & l'éloignement que le monde inspire ! combien de temps passé inutilement, ne daignant pas écouter Dieu ! combien de délibérations avant de se rendre à ses pressantes & amoureuses sollicitations ! & lorsque vous avez été persuadée que le meilleur parti pour vous étoit de vous donner toute à lui, combien a-t-il fallu encore de combats à votre cœur pour l'obliger de suivre la ferveur où Dieu vous appelloit !...

LETTRE LVI.

J'Ai lu, Madame, vos quatre redditions. *Il me semble*, dites-vous, *qu'il ne me manque rien, & que je reçois toutes sortes de graces : mais je crains de n'y pas répondre.* Cela est très-vrai. Dieu vous en a enrichie en toutes manieres, & pour vous & pour les autres : il est aussi vrai que la seule chose à craindre est qu'on demandera beaucoup à celui qui a beaucoup reçu. Il faut faire valoir votre place, votre crédit, vos talents, les dons que Dieu vous a faits : il faut en retirer l'usure. Se retirer par crainte, tomber dans la faute du serviteur paresseux, qui craignoit de perdre son bien & qui l'enfouissoit, c'est s'exposer au même châtiment, & vous savez qu'il fut terrible. La vie présente est exposée à de grandes vicissitudes, & vous les éprouvez. Voilà ce qui nous doit toujours tenir dans une humble crainte. Vous éprouvez les changements attachés à notre foiblesse : vos jours & vos mois ne sont pas toujours les mêmes : ici, vous dites : *Je n'ai jamais senti plus d'amour pour Dieu, ni plus d'envie de lui plaire : je brûle du desir de le servir mieux que je l'ai encore fait : ma ferveur est au point que je ne puis la contenir :* vous écrivez ailleurs : *Je ne veux que Dieu, que croître dans son amour, que procurer sa gloire, que lui attirer des serviteurs, que mourir & aller jouir de lui.* Dans un autre endroit, vous gémissez de la contradiction de vos desirs & de vos journées. Au mois de Novembre, vous vous plaigniez non-seulement de ne pas avancer, mais même de reculer : vos communions &

vos méditations font superficielles, & vous font si peu d'impression, que vous les oubliez dans la journée sans pouvoir vous rappeller vos bonnes résolutions : vous trouvez que la grande dévotion est triste, & que vous faites moins de bonnes œuvres : le lendemain, vous êtes remise. En voilà assez pour vous faire sentir vos foiblesses, & combien vous avez besoin de la grace dans les fâcheuses saisons de la vie, pour vous soutenir.

Ce qui me console, Madame, c'est que votre volonté ne change pas : vous êtes troublée, tentée, agitée, mais vous n'y consentez pas : vous roulez toujours sur le même pivot, ou pour parler selon le langage de l'Ecriture, Dieu vous fait la grace d'être *toujours enracinée en lui* : c'est-là le fruit des bonnes œuvres : elles donnent à l'ame de la stabilité. Le fond de votre cœur, au milieu de tous les vents, des orages, des tempêtes, est toujours d'aimer Dieu, de ne vous départir jamais de la résolution que vous avez prise de le servir. Quel bonheur, Madame, de n'être point de ces ames légeres & inconstantes, qui passent, en un moment, de la vie à la mort ! un objet, un plaisir, une peine d'un instant leur fait oublier les plus saintes promesses, & violer l'alliance qu'elles avoient faite avec Dieu. Si le repentir succede à la rechûte, bientôt après la rechûte succede au repentir : mais le repentir est foible, superficiel, souvent contrefait, & plus capable de causer des sacrileges que d'attirer des graces, au-lieu que la rechûte est énorme, & conduit souvent à l'endurcissement & à la réprobation. Graces à Dieu, vous n'éprouvez point ces dangereuses & mortelles alternatives : vos vicissitudes sont comme celles des personnes d'une bonne complexion : leurs jours & leurs mois ne se ressemblent pas, il y en a de beaux & de fâcheux : l'été est suivi de l'hyver : ils en sentent, comme les autres, les incommodités : mais le fond de leur santé est toujours le même : ils résistent aux froids les plus rigoureux : les foibles tombent avec les feuilles. Vous vous plaignez des affaires qui vous accablent : mais Dieu que vous cherchez, en fera votre joie : c'est votre état : Dieu lui-même vous l'a formé ; il vous charge de veiller à sa gloire dans ces affaires qui se traitent devant vous ; où est le négociant, qui s'afflige de l'étendue de son négoce ? Vous en souffrez, mais c'est-là votre pénitence : vous craignez que cet accablement ne vous dissipe trop : tant que votre intention sera droite, ce n'est pas dissipation, ce sont de bonnes œuvres. *La vie, dites-vous, se passe en affaires & en amusements ; les affaires m'ont éloignée de Dieu à Versailles, & les amusements m'en ont éloignée à Fontainebleau :* ces plaisirs vous sont nécessaires : vous avez vu que vos maladies venoient d'ennui & de contrainte : ils ne vous éloigneront pas de Dieu : il est plus près de vous que vous ne pensez : amusez-vous donc encore, Madame, vous en avez besoin : & ceux qui sont autour de vous, à qui vous servez d'asyle, pourroient-ils supporter une vie sérieuse ? vous ne pouvez arriver à l'unique nécessaire dans la région que vous habitez, que par ces amusements & par ces inutilités : voilà les filets & l'hameçon pour la pêche que vous avez à faire ; il faut que dans le lieu des plaisirs on apprenne par vous comment on doit les régler, & quels sont les jeux innocents compatibles avec la vertu. Vous vous plaignez de vous y attacher ; mais en faites-vous votre passion ?

Fréquentez la Communion : c'est le pain des élus, la force, la consolation, la transformation, la vie, le Paradis des enfants de Dieu. Songez, Madame, que ce Sacrement est J. C. même. Vous ne scandalisez personne : votre vie est la bonne odeur de J. C. : je vous en assure, Madame : les plus grands libertins révèrent vos communions, & les bonnes ames en sont encouragées.

Méprisez, plus que jamais, la fausse prudence du siecle, qui s'appuye sur des maximes contraires à la Religion : confondez-la, détruisez-la : du moins, ne vous lassez pas de la combattre, ne la laissez pas dominer dans le Conseil du Roi, chargez-la, si vous pouvez, d'une telle ignominie, qu'elle n'ose y paroître devant vous. C'est elle qui ruine les Etats, & détruit la Religion : Dieu l'a dit : *Je perdrai la sagesse & la prudence des prudents* : je parle de la prudence criminelle qui combat les maximes de la Morale, laquelle, chez les Chrétiens, doit être la suprême loi. Faites un grand usage de la sagesse véritable, qui est selon la droite raison : qu'elle assaisonne tous vos conseils, qu'elle conduise tous vos pas, qu'elle travaille tous les jours avec vous, qu'elle vous apprenne ce qui est agréable à Dieu : quand vous l'aurez connue, soyez hardie, courageuse, magnanime à supporter le travail & les contre-temps : ménagements, sollicitations, prieres, employez tout pour faire triompher la vérité, & abandonnez le succès à la Providence. N'espérez dans les affaires publiques, & sur-tout dans celles de la Religion, que lorsque vous aurez pour appui la justice.

Vous pourrez,... au Roi ce qu'il n'est pas nécessaire de lui..... qui nuiroit au prochain, s'il étoit dit : ce n'est pas un.... & votre intention doit être, en lui disant, ... nous vous avons autrefois décidé cette question : c'est une ..... permise, & non un .... il seroit aisé de le prouver par l'exemple & le sentiment des Saints, aussi-bien que par la doctrine de St. Thomas.

Je m'apperçois que vous avancez : vous avez cette crainte filiale qui abhorre le péché : c'est le don qui conserve en nous tous les autres dons, comme il en est le fondement. Vos filles s'apperçoivent de votre progrès dans la sagesse, dans la douceur, dans une résignation en Dieu, qui se fait sentir dans la compassion, dans la patience, dans l'amour divin qui est la voie parfaite. Que le grand Dieu de gloire en soit béni à jamais! Je vais prier pour vous du meilleur de mon cœur. Notre Seigneur promit aux Apôtres nos devanciers, & en leur personne à tous les Evêques, de leur accorder tout ce qu'ils demanderont. J'efpere qu'il m'exaucera pour vous. Je me plains de ne vous voir que deux heures en fix mois touchant votre grande affaire. Je craignois de trouver en vous les inconftances des femmes de la Cour, & je n'y ai trouvé que la fidélité des époufes de J. C.; mais certainement je ne vous vois pas affez.

LETTRE LVII.

Sur fes progrès.

J'Ai reçu, Madame, le dernier paquet que vous m'avez envoyé : il m'a donné une confolation finguliere : je vois & j'admire la conduite paternelle de Dieu fur vous : votre état n'eft pas naturel : il devroit faire couler fur vous une abondance de confolation fenfible, & vous ôter le repos & la joie de la confcience : la jouïffance des biens temporels, qui s'offrent à vous, devroit vous faire perdre les biens éternels : car telle eft la loi que Dieu a établie : l'on perd les biens & la paix de la confcience, quand on ceffe de chercher premiérement le Royaume de Dieu & fa juftice : & il en coûte beaucoup à la nature quand on veut tout sacrifier à la gloire de Dieu & à son salut. Votre place, Madame, devroit naturellement faire une réprouvée, & Dieu veut y avoir une Sainte & une prédestinée : vous lui sacrifiez un Royaume temporel ; & en échange, il vous en prépare un éternel. Je veux, Madame, m'étendre davantage sur le sujet de votre derniere : celle-ci n'est que pour en accuser la réception, & pour vous dire en un mot que les pensées de Dieu sont bien éloignées de celles des pauvres hommes comme nous. Si Dieu ne contrebalançoit pas la félicité temporelle de votre état, vous seriez, Madame, comme tant de femmes vaines qui vous ont dévancée, idolâtre de vous-même, livrée aux passions mondaines, flattée des pécheurs, recherchée par ceux qui n'aiment rien, improuvée par les gens de bien, haïe de Dieu & de ses Saints, & l'affliction de l'Eglise, dont vous êtes aujourd'hui le soutien & la consolation. Je ne puis m'empêcher de vous dire, Madame, que Dieu vous fait une meilleure condition par sa grace, & que vous devez bien vous garder de changer jamais, quelle promesse ou quelle menace que le monde puisse vous faire : espérez tout de Dieu, qui tient en sa main le sort des hommes &

des Empires : vous êtes bien, & vous ne serez jamais délaissée du Tout-Puissant.

LETTRE LVIII.

Sur la patience.

Dieu demande de vous une grande patience : j'ai fortement dans l'esprit qu'il veut faire quelque chose de grand par vous : tout ce que je vois est contre l'ordre naturel des choses, & rien n'arrive ici-bas par hasard. Le Seigneur vous conduit, rien ne vous manquera : votre état est de lui : il n'est point médiocre, & j'ai plus d'espérance que jamais de voir vos desirs accomplis. Vous ne connoissez pas l'avantage de la souffrance : c'est un temps de nuage & d'obscurité : la foi doit vous y conduire, & la confiance en Dieu doit vous y rendre inébranlable.

Vous croyez quelquefois être anéantie : la souffrance vous accable : le dépit vous environne : c'est un chien qui aboye, il ne vous mordra jamais, que vous ne le vouliez. N'examinez point, dans le temps de la peine, ni vos souffrances, ni vos impatiences : elles sont plus hors de votre cœur, que vous ne pensez : vous vous connoîtrez mieux après la tribulation : l'Ecriture nous apprend que l'homme patient vaut mieux que l'homme fort, & que celui qui devient le maître de lui-même, est bien au-dessus de celui qui étend ses conquêtes sur des villes fortes. *Vous pouvez être martyr sans passer par le glaive*, dit St. Bernard, *si vous gardez la patience*. Vous voyez, Madame, combien votre état présent vous éleve dans la piété sans y penser. St. Jacques nous assure que la patience fait un Chrétien parfait : *Considérez*, dit-il, *comme le sujet d'une extrême joie, les diverses afflictions qui vous arrivent, sachant que l'épreuve de votre foi produit la patience. Or la patience fait un ouvrage parfait*. Pourquoi donc vous affligez-vous, Madame ? Pourquoi regardez-vous votre état, comme un état de bassesse & de médiocrité ?

Glorifions-nous, dit St. Paul, *dans nos afflictions, sachant que l'affliction produit la patience, la patience l'épreuve, l'épreuve l'espérance, & l'espérance ne nous trompe point*. Vous souffrez, mais Dieu vous prépare par-là à ses desseins : vous souffrez de vos impatiences, mais elles sont légeres, & vous gagnez plus que vous ne perdez : vous souffrez de ne plus faire tant de bonnes œuvres, mais la souffrance est une œuvre parfaite, & vous méritez la grace des bonnes œuvres auxquelles Dieu vous destine. Vous souffrez d'attendre sans voir d'avancement, mais qu'importe, pourvu que Dieu le voye ? Vous souffrez d'être abattue, de vous voir dans les larmes, dans le danger d'offenser Dieu : mais Dieu vous sanctifie, & éloigne de vous par la souffrance, l'orgueil, l'hypocrisie, la présomption, l'amour du siecle, l'attachement à la vie : vous ne discernez pas que Dieu vous conduit par la main dans l'école des vertus, compagnes inséparables de la patience, & qui menent à la perfection, à l'humilité, à la douceur, à la confiance en Dieu, à la soumission, à la Providence, à la pénitence, à la faim & soif de la justice, à la priere, à l'amour de Dieu que vous sentez être l'unique ressource solide dans les miseres de ce déplorable pélérinage. Tout ce que je vois aujourd'hui en vous me montre la main invisible du Tout-Puissant qui vous conduit. Pourquoi êtes-vous à la Cour, au faîte des grandeurs ? pourquoi tant de goût pour Dieu ? pourquoi tant de desirs d'une vie parfaitement chrétienne ? pourquoi le Prince, amusé innocemment, & comme lié par la main de Dieu? c'est qu'il le veut hors des pieges du Diable, il veut l'affranchir & ensuite le sanctifier : *il le lie, & il vous lie,* car c'est par vous qu'il veut le sauver : s'il vous échappoit, & si vous lui échappiez, son dessein ne s'accompliroit pas. La contrainte est donc dans l'ordre de Dieu : les jours paroissent vuides aujourd'hui pour en fournir à l'avenir de pleins; quoiqu'il y ait, ce semble, encore tant de choses à faire, il faut aujourd'hui ne rien faire pour attendre le temps de faire tout. C'est beaucoup que les liens de l'iniquité soient rompus & qu'il soit délivré! votre chambre est son asyle : Dieu l'y conduit hors des pieges du siecle : sans vous, hélas! où ne seroit-il pas pris, parmi tant d'embûches qu'on lui tendoit? c'est beaucoup qu'il s'accoutume à ne plus donner les jours de la vie à la malignité du siecle : c'est déja les racheter dans un sens : & l'on peut espérer qu'il sera conduit jusqu'à les remplir de bonnes œuvres. Ecriez-vous avec St. Paul : *O profondeur des tréfors de la sagesse & de la science de Dieu! que ses jugements sont incompréhensibles, & ses voies impénétrables! car qui a connu les desseins de Dieu, ou qui est entré dans le secret de ses conseils ? tout est de lui, tout est par lui, &c.*

Offrez-vous à lui dans toutes vos peines, & offrez-les pour le Roi & pour son état. Considérez les exemples de Job, de Tobie, & de tous les Saints que Dieu a purifiés par la patience : imitez leur égalité & leur constance : Dieu vous veut dans l'esclavage, quoique vous soyez née libre, afin que vous retiriez du véritable esclavage, qui est celui du péché, *la personne que vous aimez le plus.*

Je suis bien content de votre amour pour Dieu, de votre zele pour les bonnes œuvres, de votre crainte de l'offenser, de la haine que vous avez contre le monde, de votre détachement de la vie, de votre joie au souvenir de la mort & de l'éternité. Mais faites vos efforts pour avancer dans la patience : les ennuis & les mortifications de votre état vous tiendront lieu de pénitence. Gerson dit, qu'il faut cultiver notre ame comme un jardinier cultive son jardin : quand il fait sec, il l'arrose : quand il pleut, il cesse d'arroser : il seme en certains temps les fruits de la saison : c'est à présent le fruit de la patience qu'il faut cultiver, c'est la saison de cette vertu. Je verrai, Madame, à votre retour de Fontainebleau, si votre jardin est bien fertile.

Ne pensez guere aux sujets qui pourroient vous attrister : Dieu est près de vous : que vous faut-il de plus, pour vous donner une joie solide ? il faut que vous fassiez voir la vertu aimable, & qu'on voye en vous que le poids de l'Evangile n'accable point ; qu'il est au contraire si doux & si léger, quand on le prend véritablement sur soi, qu'il devient le véritable soulagement d'une ame : c'est à vous à mettre la piété en réputation & à faire sentir la vérité de cette parole du St. Esprit : *Que la bonne conscience est un banquet continuel*, douce, gaye, complaisante en tout, hors dans le mal, qu'il ne faut ni faire, ni approuver, ni permettre ; mais que vous devez réprimer fortement, à moins que la sagesse chrétienne ne vous engage à supprimer des avis qui ne feroient qu'aigrir & rebuter.

LETTRE LIX.

Sur l'orgueil.

ANimez-vous, Madame, contre l'orgueil par ces motifs. 1°. L'orgueil est l'ennemi de toutes les vertus : il nous ravit en un moment le fruit de nos bonnes œuvres : *En vérité, je vous le dis, ils ont déja reçu leur récompense*. Les vertus les plus éminentes deviennent un péché par la contagion de ce vice : imitez la Sainte Vierge : écrasez, comme elle, la tête de ce serpent. 2°. Motif. Cette passion est la source & la racine de tout péché ; *la superbe sépare Dieu, & conduit à l'apostasie*, dit le St. Esprit dans les proverbes. Considérez en détail l'étendue de ce grand mal, pour en recevoir tous les jours une plus grande horreur : selon St. Grégoire & les Théologiens, il mene à son cortege l'amour des pompes & vanités du siecle auxquelles vous avez renoncé, l'attachement à son sens, le desir de commander par-tout, l'horreur de l'obéissance, une recherche continuelle de sa propre gloire jusqu'aux pieds des Autels & dans les choses les plus saintes, & devant

vant le souverain Roi devant lequel toute créature doit être anéantie, l'opiniâtreté, la colere, la mauvaise joie, dans la prospérité, la tristesse ennemie du salut, la haine continuelle de ceux qui nous sont préférés, ou qui nous méprisent. Quel vice! que ses racines sont profondes & étendues! puisque le corps du péché est mort en vous par la grace du Sauveur, travaillez à en arracher jusqu'aux plus petites racines. 3°. Motif. *Dieu a en abomination le superbe.* L'abomination n'est pas une haine commune : c'est une aversion excessive : de-là vient que Dieu le punit avec tant de sévérité, & quelquefois si soudainement, parce qu'il ne le peut souffrir long-temps. *Dieu a renversé*, dit l'Ecclésiaste, *les Trônes des Puissances orgueilleuses, il a mis à leur place des personnes humbles.* Il n'a pas épargné les nations entieres, à cause de leur orgueil : il les a desséchées jusques à la racine, il a anéanti leur mémoire. L'unique gloire de l'homme, du pauvre & du riche, c'est de craindre Dieu & de ne mépriser personne : l'Ange superbe est précipité du haut de sa gloire, & changé en Démon aussi-tôt après son péché : Dathan & Abiran sont ensévelis tout vivants dans l'Enfer, à cause de leur ambition : Nabuchodonosor, Roi de Babylone, dans l'inſtant même de ſa vaine complaiſance, eſt chaſſé de ſon Trône, & réduit à vivre en bête pendant ſept ans, juſqu'à ce qu'il confeſſe lui-même que Dieu ſait humilier les orgueilleux : Hérode, Roi de Judée, écoute avec plaiſir une flatterie du peuple, qui s'écrie après ſa harangue, qu'il a parlé divinement, & à l'inſtant il ſe ſent frappé par l'Ange du Seigneur, & devient la pâture des vers. O que la miſéricorde de Dieu a été grande ſur vous, de ne vous avoir pas frappée, lorſque vous étiez orgueilleuſe ! qu'il eſt bon de vous avoir inſpiré un amour ſincere pour l'humilité ! quel puiſſant motif de vous animer contre la ſuperbe, puiſque vous voyez Dieu, que vous aimez préſentement de tout votre cœur, ſi fort animé contre ce monſtre !

Ne retournez jamais volontairement ſur vous-même pour vous y complaire un inſtant, encore moins pour vous y arrêter. Penſez, au contraire, à ce qui vous doit humilier, aux péchés de votre vie paſſée, *ſuppoſé que vous en ayez commis quelques-uns d'humiliants.* Penſez à ceux que vous pouvez commettre, environnée comme vous êtes de mille dangers : vous portez la grace dans un vaſe bien fragile : vous pouvez devenir un Démon en peu de temps : vous n'avez qu'à vous remplir de bonne opinion de vous-même. St. Augustin dit que la vaine complaisance en soi-même est un des plus dangereux effets de l'orgueil. Appliquez-vous particuliérement pendant ce mois à vous humilier profondément devant Dieu. Réduisez-vous à rien, si vous pouvez, dans votre pensée, à la priere, au sacrifice de la Messe, à la Confession, à la Communion, sur-tout à la priere : dites-y comme Abraham : *Je parlerai au Seigneur, moi qui ne suis que cendre & que poussiere* ; ou comme David, & avec le même sentiment : *Je ne suis devant vous que comme un néant* : au Sacrifice, anéantie aux pieds de l'Autel, desirez de sacrifier sans réserve vos biens, votre gloire, votre vie, pour l'honneur de votre souverain Maître : à la Confession, frappant votre poitrine, confessez très-humblement que vous êtes coupable & très-coupable. Ressouvenez-vous qu'être pénitente, c'est *avoir un cœur contrit & humilié.* A la Communion, répétez trois fois les paroles humbles du Centenier, que le Prêtre lui-même, dit à l'Autel, quoique bien plus digne des saints mysteres que vous, à cause de son caractere : *Seigneur, je ne suis pas digne que vous entriez en moi.* Lisez tous les jours quelqu'un des motifs ci-dessus, dont vous transcrirez en abrégé ce qui vous touchera le plus : dites ensuite cette courte priere, ou autre semblable : *Jesus, anéanti pour l'amour de moi, & humble de cœur ! donnez-moi l'humilité, & achevez de détruire mon orgueil. Marie, la plus humble des Vierges ! obtenez-moi l'humilité.* Faites une communion pendant cette Octave de la Nativité, ou quelqu'autre jour de ce mois, si les contre-temps vous obligeoient de la remettre pour demander à Dieu particuliérement l'humilité, sous la protection de la Sainte Vierge, que vous tâcherez de mettre ce jour-là dans vos intérêts. Je vous conjure, Madame de ne point mourir, que votre mesure ne soit pleine, & de ne montrer de tristesse au Roi, que pour réprimer le vice, ou pour compatir à la sienne.

LETTRE LX.

Conseils divers.

Vous desirez toujours votre avancement, Madame : de-là je conclus que vous avancez. Si vous disiez, je suis riche, je n'ai besoin de rien, je me contente de ce que j'ai, je n'en veux pas davantage, je vous dirois avec assurance que vous êtes arrêtée, que la tiédeur a pris possession de votre ame, & que vous allez reculer. Le desir continuel d'avancer & l'effort que l'on fait vers la perfection sans se lasser, est, dit St. Bernard, la perfection de cette vie. Je me réjouis, Madame, de ne vous avoir jamais vue, depuis que j'ai l'honneur de vous connoître, sans ce desir sincere : & je me réjouis encore plus de voir cette inclination dominante dans votre âge plus avancé. Ne dois-je pas espérer que Dieu comblera vos vœux & vos prieres ? permettrat-il que nous ignorions ce qu'il faut encore à votre mesure ? Je lui ai demandé, ce matin, de tout mon cœur, de me le faire connoître, puisque j'en suis chargé avec vous, & puisqu'il vous inspire la confiance de me croire sur un article si important. Demandez-le avec moi, Madame, dans ce saint temps, afin que Dieu me donne son Esprit. *Il pénetre & fait pénétrer les profondeurs de Dieu*, dit St. Paul : *or, nous n'avons pas reçu l'esprit du monde, mais l'esprit de Dieu, afin que nous sachions les dons qu'il nous a faits*, & par conséquent les obligations ou les devoirs de reconnoissance qu'ils nous imposent. J'espere que dans ce temps de plénitude, il me donnera ce qu'il vous faut, ou qu'il vous donnera directement ce que mes péchés & l'abus que je fais de ses lumieres empêcheroient que je ne reçusse pour vous. En attendant, je vous exhorte aux bonnes œuvres de votre état, à souffrir davantage, si Dieu le demande de vous. Je vous conseille l'humilité de cœur dans le rang & dans la place où la Providence veut que vous soyez, un amour immense pour Dieu, une reconnoissance sans bornes, un cœur plus charitable & plus miséricordieux que vos œuvres, une confiance, une paix profonde, la liberté des enfants de Dieu : soyez simple dans la fuite de tout ce qui est vraiment mal, prudente dans la poursuite de tout ce qui est vraiment bien, & dans le choix de celui qu'on vous propose de faire, patiente, bonne, courageuse, gaye, ferme, indulgente, & si pieuse, que tout tende à la gloire de Dieu & au salut, toujours prête à mourir & à aller avec J. C. quand l'heure sera venue. Votre conversion est sincere : vous acheteriez au prix de tout, ce que Dieu veut ; & si l'on vous poussoit, vous seriez extrême dans vos pratiques : vos prieres sont bonnes, mais vous n'êtes pas impeccable : quand quelque négligence vous y prend, relevez-vous au

plus vîte, demandez pardon, & ne croyez pas tout perdu, quand vous n'êtes pas contente de vous-même. Combattez votre opinion sans scrupule : vous n'en êtes pas esclave : & vous savez que tout vient de Dieu : je sais que vous lui renvoyez la gloire de tout, le plus que vous pouvez. La pénitence & les bonnes œuvres lavent les fautes légeres dans lesquelles vous tombez. Les flatteries & l'amitié qui vous trouvent par-tout, sont le piege ordinaire de votre place : vous y êtes attentive : vous les craignez : j'espere que vous n'y ferez pas de chûtes considérables : détournez les yeux de la vanité, des commodités, & des richesses de la Maison du Roi : *comment y renoncer, si ce n'est de cœur ?* acceptez, en compensation, les incommodités & les souffrances que Dieu y a invisiblement attachées. Je sais que la mesure en est bonne, & que Dieu fait quelquefois vous faire un partage que vous ne choisiriez pas sans lui, quoique vous y trouviez tant de plaisirs. Si Dieu n'avoit pas placé & enraciné la piété dans votre cœur, vous ne la rappelleriez pas si aisément au temps de votre besoin. Je suis assuré, Madame, qu'elle n'est pas superficielle : faites qu'elle croisse encore ; & aimez de tout votre cœur l'E-
L iv

glife, l'Etat, & le Roi, & tout le reste dans l'ordre de Dieu.

Je ne puis douter, Madame que Dieu ne veuille faire par vous de très-grands biens à notre pieux Monarque, au Royaume, & à l'Eglise : conservez-vous donc : & pour cela, suivez les leçons de M. Fagon. Tenez-vous dans une grande liberté d'esprit & de cœur : l'innocence de votre vie & de vos intentions doit vous la donner. Un enfant, qui est aimé singuliérement de son pere, qui l'aime uniquement, qui est toujours sous ses yeux, qui ne cherche qu'à le servir & à augmenter sa gloire & sa joie, vit aussi lui-même dans une joie & une liberté continuelle : voilà votre état : vous êtes chérie dans la maison : vous n'en sortirez jamais : personne ne vous ravira à un si bon pere : vous êtes continuellement sous ses yeux : il a un grand soin de tout ce qui vous regarde : un cheveu ne tombera pas de votre tête sans son ordre : il vous éclaire, d'en-haut, des lumieres d'une sagesse que le monde ne peut donner : il vous a déja donné son Esprit, & il vous le donnera encore : il vous nourrit avec plaisir de sa substance : il vous donne le pain des Anges, le pain de l'immortalité dans une terre de mort

& pleine d'hommes méchants & infideles. Enfin, Madame, pour parler le langage de l'Ecriture, il me semble que Dieu vous garde comme *la prunelle de son œil.* Ayez donc une grande confiance : marchez dans la joie du St. Esprit en la répandant sur le Roi ; car il a besoin de goûter la douceur & la liberté de la bonne conscience. Il regarde encore trop la vertu & la perfection de son état, par ce qu'il y a de plus austere & de plus rebutant pour la nature : quand il verra la personne qu'il aime & qu'il estime le plus, dans une joie & une liberté d'esprit continuelle, dans une continuelle innocence, & dans un amour ardent des bonnes œuvres, Dieu lui fera la grace d'aspirer au même bonheur : LA FEMME FIDELLE *sanctifiera* L'HOMME INFIDELE, dit St. Paul : *combien plus* LE MARI *Chrétien.* Courage donc, Madame : Dieu a ses moments : les cœurs des Princes sont entre ses mains : quand il commence à les renouveller, on doit tout attendre : il acheve à la fin son ouvrage : quelle joie pour vous de voir un jour ce Roi, que vous aimez tant, de le voir comblé de bonnes œuvres, partager avec vous dans le Ciel la même gloire & le même bonheur.

Comme Dieu mêle dans la contrainte de votre état une abondance de peines & de servitude, il y répand aussi une abondance de graces & de consolations. Je ne crains point d'être séducteur en vous prêchant la liberté innocente de votre état : & je n'ai pas craint d'être austere en vous assujettissant à certains exercices, quand j'ai cru que vous aviez besoin d'y être soutenue ou ramenée : ces deux leçons ne sont pas contraires, & ont besoin d'être unies : votre regle particuliere ne vous oblige que dans les choses de commandement : tout le reste doit céder aux biens de votre état. Je n'ai garde d'abandonner les fonctions saintes de mon ministere, dont je vous suis redevable : je ne céderai jamais ma place à un autre, que quand cette cession vous sera plus avantageuse.

LETTRE LXI.

Sur les motifs de tendre à la perfection, & sur les moyens d'y arriver.

JE vais répondre d'abord à votre lettre, & ensuite à votre reddition. Je ne puis m'empêcher d'approuver votre ambition pour la plus haute perfection. Mais il faut vous rappeller les principaux moyens d'y parvenir. Je suis ravi de ces mots : *Je ne mets point de bornes à mes desirs.* Je suis persuadé que Dieu vous appelle à la perfection ; car vous avez beaucoup reçu, & il est certain qu'on vous demandera beaucoup : & y a-t-il un Maître qui mérite d'être servi avec plus d'attention & d'amour, que celui qui vous a gagnée & attachée à son service ? La reconnoissance que vous lui devez, ne devroit-elle pas porter aux choses les plus hautes & les plus difficiles ? C'est pour vous rendre parfaite, qu'il vous donne la pureté de conscience, la paix, ce grand mépris des choses du monde, & l'attrait pour le recueillement au milieu de la plus grande dissipation. Comptez qu'il vous dit comme à Abraham : *Marchez en ma présence, & vous serez parfaite.* De plus, votre état demande une grande perfection : dans les conditions médiocres, une vertu médiocre suffit : mais dans les conditions élevées comme la vôtre, il faut une grande foi, une grande confiance en Dieu, un amour ardent, une grande Religion, un grand zele pour sa gloire, une grande fidélité à éviter toute sorte de mal, une inclination ardente pour le bien, jointe à une profonde humilité de cœur. La perfection de cette vie en chaque condition consiste à desirer toujours d'avancer vers le terme où Jesus-Christ nous appelle. *Je ne pense point*, dit Saint Paul aux Philippiens, *avoir atteint où je tends : mais mon unique soin, c'est qu'oubliant ce qui est derriere moi, & m'avançant vers ce qui est devant, je cours incessamment vers le but de ma carriere, pour remporter le prix de la félicité du Ciel à laquelle Dieu nous appelle par J. C.* Oubliez donc, Madame, ce que vous avez déja fait : ne vous contentez pas de marcher : courez, c'est-à-dire, agissez avec ferveur d'esprit : vous avez une vraie soif de la justice : ayez pour le prix de la félicité du Ciel, la même ambition que les courtisans ont pour les hautes fortunes, sans vous rebuter jamais ni des difficultés du dehors, ni des oppositions du dedans.

Voici d'excellents moyens pour arriver à la perfection. 1°. Le recueillement fréquent au milieu du monde 2°. La paix & la pureté de la conscience dans vos pratiques de piété. 3°. Un détachement entier de tout ce qui n'a point de rapport à la volonté de Dieu. Il veut que vous ne teniez à rien que par amour pour lui : souvenez-vous qu'il vous dit en St. Mathieu : *Je suis venu apporter le glaive & séparer le fils d'avec le pere.* 4°. Une fidélité non-seulement de serviteur à son maître, ou d'un ami à son ami, d'un enfant à son pere, mais d'une épouse à son époux, dont tous les intérêts sont communs, qui n'ont qu'un cœur, & qui sont inséparables. 5°. Une humilité qui vous fasse oublier le bien que vous faites, & remercier Dieu du mal que vous ne faites pas. 6°. Un grand courage à vous faire violence quand Dieu le demandera pour sa gloire & pour votre avancement. 7°. Enfin, le moyen le plus excellent de tous, & bien conforme à l'attrait de votre grace, c'est la charité, selon cette parole de St. Paul : *La charité est la plus excellente voie.* Dieu, ce me semble, élargit votre cœur, & lui donne plus d'étendue qu'aux autres, pour y placer une plus abondante charité. Qu'on n'approche jamais de vous sans en ressentir les effets : que les Dames que vous voyez apprennent cette vertu qui conduit à tout : on devient efféminé avec les femmes du monde : qu'on devienne charitable avec vous : que les feux de votre amour en allument d'autres.

Les obstacles que vous sentez dans votre état à la perfection ne vous arrêteront pas. L'orgueil est abjuré, il y a long-temps; c'est un ennemi vaincu, désarmé & sans force : vous criez, parce qu'il vous fait peur : mais quelle blessure vous a-t-il fait depuis sa déroute? un nom l'écrase & l'anéantit, lui qui écrase les plus puissants du siecle! Vous ne sentez pas la force de la grace, n'importe : j'aime mieux qu'elle vous défende sans se faire sentir. La vanité pouvoit autrefois beaucoup : mais elle ne peut plus rien contre une ame fidelle : souvenez-vous de ces paroles consolantes de St. Paul : après s'être plaint pour tous les hommes du désordre des passions, après avoir dit : *Je me plais dans la loi de Dieu selon l'homme intérieur ; mais je sens dans les membres de mon corps une autre loi qui combat contre la loi de mon esprit;* il ajoute : *Il n'y a plus de condamnation pour ceux qui sont en J. C. & qui ne marchent point selon la chair.* L'orgueil est avec vous, il vous suit par-tout, il vous environne, mais il ne vous dominera plus : vous aimerez à jamais la gloire de J. C. au-dessus de la vôtre & aux dépens de la vôtre : je veux être votre caution, soyez en paix là-dessus, & méprifez un ennemi si méprifable, quelque importunité qu'il vous caufe.

Il faut vous diffiper fouvent pour vous délaffer : vous ne pouvez pas toujours être recueillie : mais rentrez fouvent chez vous quand vous fortez hors de vous, & cherchez en tout la gloire de celui que votre cœur aime. Votre état & votre fanté ne vous permettent pas les auftérités de la folitude : mais tâchez de vous faire violence tous les jours en quelque chofe. Refufez à vos fens quelquefois ce qu'ils demandent, quoique innocent, afin de tenir toujours la chair foumife à l'efprit. O Madame! que les maximes des enfants de Dieu font oppofées à la molleffe & à la fenfualité du fiecle! Acceptez de bon cœur les fouffrances que Dieu vous envoye : refufez quelque chofe tantôt à la vue, quelquefois à l'odorat, d'autres fois à l'ouïe, quand vous le pouvez, fans être remarquée : foyez ingénieufe à crucifier votre chair en de petites chofes. Cette application journaliere que vous aurez à ne la pas laiffer toujours en repos fera une vraie croix pour elle. Vous favez, Madame, que les grandes auftérités vous font défendues : vous êtes fage, & j'efpere que vous ne ferez jamais aucune indifcrétion qui puiffe détruire votre santé. Je ne crains point la fausseté pour vous : je ne crains dans les affaires que la destruction de votre santé : vous ne vous y donnez point par passion, vous y cherchez la gloire de Dieu : & quoique votre attention diminue pour le recueillement & pour la priere dans ce temps-là, vous n'en êtes pas moins unie à Dieu. Ce que l'on fait pour lui ne nous sépare point de lui, sur-tout quand on a soin de rentrer en soi-même après s'être répandu au-dehors, & qu'on examine ce qu'on a fait d'après cette question, qu'aurois-je du faire ? Je ne crains pour vous que l'épuisement.

Au reste, Madame, la confiance que vous avez pour votre salut, jointe à la crainte de déplaire à Dieu dans les moindres choses, me charme & me ravit. Suivez la lumiere de Dieu, quand elle vous montrera un mal à éviter, ou un bien qui est de votre état. Dans le doute, attendez que vous soyez plus assurée de la volonté de Dieu, par le conseil de la priere : dites comme Samuel : *Parlez, Seigneur, car votre servante vous écoute.* Le zele que vous sentez pour le salut des ames, c'est la grace des Fondateurs & des Institutrices. Vous en aurez, s'il plaît à Dieu, un jour la récompense : j'aurai bien de la joie de vous voir placée auprès des Stes Thérèses. Ceux par qui les ames auront été instruites dans les voies & dans les devoirs de la justice, brilleront commes des étoiles durant toute l'éternité.

Je me suis déja bien apperçu de votre patience pour les personnes & pour les choses dont vous vous mêlez. Vous savez que c'est-là le grand avis de St. Paul à son cher Timothée ; le serviteur de Dieu doit être doux & modéré envers tout le monde, capable d'instruire, patient : il doit reprendre avec bonté & avec modestie ceux mêmes qui résistent à la vérité, dans l'espérance que Dieu leur pourra donner un jour l'esprit de pénitence, & les changera ; & que revenant de leurs égarements, ils sortiront des pieges du Diable qui les tient captifs.

Je ne puis finir, sans vous témoigner combien je crains que les grandes affaires de cette saison ne fassent une trop forte impression sur votre santé. Je sais que votre sensibilité est involontaire & inévitable, à cause de la vivacité de votre tempérament, qui ne sauroit rien perdre de tout ce qui peut mettre en peine, & à qui aucune prévoyance fâcheuse n'échappe : mais je croirois qu'il seroit bon que vous acceptassiez le pis aller en esprit de sacrifice & d'abandon à Dieu. Pour la personne du Roi, au nom de Dieu, faites, Madame, que, sans éclat, on ne néglige aucune précaution. Il y a sur lui trop de marques d'une Providence miséricordieuse, pour croire que nous le perdions : Dieu a sans doute ses desseins sur lui, & j'espere qu'il le conservera ; mais enfin, il faut prendre garde à tout sans paroître craindre. Et pour vous, Madame, rassurez-vous ; Dieu paroît aimer trop le Roi *pour vous le prendre* sans l'avoir auparavant rendu meilleur, & sans lui avoir fait faire les biens qu'il semble préparer. Consolez vous donc, & ouvrez votre cœur à la paix de Dieu. Si Dieu l'éprouve, ce n'est que pour le purifier, & pour lui faire expier ce qu'il a laissé faire à ceux qui ne sont plus ; mais Dieu l'épargnera lui-même, & achevera son ouvrage : je l'espere, je le desire, & je souhaite de tout mon cœur que vous l'espériez pour votre consolation. Peut-être cette grace est-elle réservée à vos prieres & à votre foi, à des prieres vives & à une foi persévérante.

LETTRE LXII.

Décisions sur St. Cyr.

DEux personnes, Madame, dans une grosse Communauté comme la vôtre, ne doivent point prévaloir dans une affaire comme celle en question. Il ne seroit pas juste de suivre leur inclination au préjudice de celle de toute la Communauté; car je regarde la Communauté dans les autres, & celles-ci ne doivent être comptées pour rien : elles ne font point un partage, mais une singularité. Il faut savoir dans les bonnes choses se ranger au sentiment commun. Céder à ces singularités en pareilles matieres, c'est autoriser l'entêtement. On doit toujours croire qu'on n'a pas raison quand on est seul de son avis ; & s'opposer fortement dans une délibération où les autres ont d'ailleurs, Madame, tant de bonnes raisons, c'est se singulariser très-mal-à propos. Je suis cependant, Madame, très-persuadé que mes sœurs n'ont point eu mauvaise intention ; mais il est bon qu'elles apprennent dans cette occasion quel parti elles auront toujours à prendre lorsqu'elles seront seules de leur opinion. Vous voulez, Madame, que je décide : je le fais pour vous obéir, & avec confiance, que nos très-cheres filles ne me sauront jamais mauvais gré que je leur parle en pere, & selon ce que je crois de meilleur pour elles.

J'espere, Madame, recevoir demain un mot de réponse de votre part sur la proposition que M. L. de Brisacier m'a faite, d'être un des Evêques consacrants au Sacre de M. l'Evêque de Sens qui se fera Dimanche prochain.

LETTRE LXIII.

Sur la maladie de son frere.

Que je suis affligé, Madame, de l'état où se trouve M. d'Aubigné, & de ne pouvoir accompagner M. de.... pour vous marquer moi-même ma douleur ! Dieu veut apparemment vous disposer aujourd'hui, Madame, à lui faire ce sacrifice. Vous lui avez prêté non-seulement les secours d'une excellente sœur, mais vous êtes sa mere par rapport à son salut, & vous avez la consolation de le voir mourir dans les sentiments d'un Chrétien pénitent. Vous lui avez donné un Ange Gardien qui l'a suivi par-tout, (l'Abbé Madot, depuis Evêque de Châlons) & qui le conduit encore visiblement dans le passage de l'éternité. Il faut donc, Madame, de votre part achever ce que vous avez commencé, en l'abandonnant avec confiance à son fidele Créateur. Peut-il tomber en de meilleures mains ? Le Paradis est fait pour les pénitents sinceres : c'est-là qu'il leur donne l'étole premiere, les habits de leur parfaite innocence, un nouvel être qui ne s'altérera jamais. C'est-là qu'ils goûteront le festin délicieux, & les Cantiques de joie qu'aucun changement ni tristesse ne troublera jamais. Heureuse pénitence qui efface le passé, & qui fait si aisément trouver grace devant un Dieu si puissant & si outrageusement offensé ! Heureuse mille fois la religieuse Sœur, qui a aimé si tendrement & si chrétiennement son frere, & qui lui a ouvert le chemin de la pénitence en le faisant revenir de cette terre étrangere où il s'étoit perdu ! Dieu veut de vous, Madame, que vous lui offriez une victime que vous lui avez préparée, & que vous avez par votre charité rendue digne de lui. Un Pere dit, que dans les Chrétiens, Dieu couronne la fin, & non les commencements. C'est la fin qui décide de tout, selon cette parole de l'Evangile : *Celui qui aura persévéré jusqu'à la fin sera sauvé.* Je vais dans mon impuissance joindre mes prieres aux vôtres, & demander à Dieu d'achever son ouvrage dans M. votre frere, & de vous fortifier encore pour tous les autres sacrifices que vous avez à lui faire.

LETTRE LXIV.

Sur la mort de son frere.

Que je suis consolé, Madame, des dispositions vraiment chrétiennes où Dieu vous met! C'est votre Pere céleste qui vous a révélé une sagesse à laquelle la chair & le sang ne peuvent atteindre. Continuez, Madame, à être soumise à un si bon Pere. Vous n'avez plus d'autre volonté que la volonté de Dieu, qui est bon à ceux qui le cherchent. Comme vous avez un cœur droit, humble & dépendant, je suis sûr qu'il vous aime, & qu'il vous remplit de son esprit. Tâchez, Madame, de le communiquer à vos filles, & s'il se peut, aux fideles de la Cour. Je donnerois ma vie pour augmenter en

vous le don de la grace & votre confolation. Je fais dire des Messes à Chartres,
& dans tout mon Diocese : il faut bien
que le troupeau entre dans la reconnoif-
sance du Pasteur. Les jeunes Clercs, les
ames ferventes obtiendront quelque ra-
fraîchissement pour celui que vous perdez, ou plutôt que vous achevez de sauver. Si M. de N. ne veut pas officier à
St. Cyr, je le ferai, Madame, en sa place;
& je vous promets que ma vive reconnoissance & tous les sentiments que Dieu
a gravés lui-même profondément dans
mon cœur pour vous, n'auront d'autre
terme que ma vie.

LETTRE LXV.

Sur la présence de Dieu.

LA Reine de Saba étant venue des ex-
trémités de la terre pour entendre
Salomon, après avoir vu toute sa sagesse,
l'ordre de ses Officiers, & la magnificence
de sa maison, s'écria : *Heureux sont vos
serviteurs, qui sont sans cesse devant vous,
& qui écoutent votre sagesse!* Plus heureuse
celle qui est sans cesse devant celui qui
est plus que Salomon ! heureuse celle qui

entend la sagesse éternelle au milieu des folies du siecle! Le Dieu fort, le Dieu terrible, le Dieu des vengeances, qui perdra bientôt le monde entier & les Puissances rebelles par le seul souffle de sa bouche, vient vous chercher, Madame, du haut de sa gloire: il veut être pour vous le *Dieu de miséricorde & de toute consolation:* faites consister votre bonheur & un de vos principaux devoirs à profiter de ses visites, & à vivre en sa présence. *Courez* après lui, quand il s'en va: priez-le de vous *entraîner à l'odeur de ses parfums.* Demandez à ceux qui peuvent vous l'apprendre, *où est votre bien-aimé? où il se repose? où il fait ses banquets mystérieux?* il les fait avec les ames fidelles. Voici deux motifs pour vous exciter. 1. Vous y êtes appellée. 2. Par-là vous connoîtrez les desseins de Dieu sur vous, & vous les accomplirez.

I. MOTIF. Oui, Madame, c'est votre grace: Dieu vous y attire: je l'ai remarqué il y a long-temps: & j'ai été ravi de voir dans votre derniere reddition: *La vûe éloignée de Dieu m'est insupportable:* voilà la peine des plus grands Saints. Qu'un St. Ignace soit uni à Dieu par un don particulier, lui qui allant au martyre dans les premiers siecles de l'Eglise,

déclaroit

déclaroit ne rien craindre, & sacrifioit volontiers toutes choses pour jouir de J. C., l'on n'en doit pas être surpris. Que Dieu se communique intimement à tant d'autres Saints Martyrs & Confesseurs, aux Dominiques, aux Thérèses, aux Catherines, qui ont tout quitté pour jouir sans interruption & sans partage de leur bien-aimé, il y a plus de proportion. Mais que vous ayez le sort des Solitaires au milieu du siecle, que l'héritage des favorites de Dieu vous soit donné, c'est ce qui doit exciter en vous une parfaite reconnoissance. N'avez-vous pas éprouvé, Madame, depuis long-temps son soin assidu à vous visiter? combien de formes n'a-t-il pas emprunté selon vos besoins? Je l'ai pu remarquer plus aisément que vous : il vous a menée comme par la main où vous êtes aujourd'hui : comme un médecin, il vous a guérie des infirmités de votre ame : comme un bon pere, il vous instruit, il vous reprend, il vous exerce : comme l'époux fidele de votre ame, il la réjouit par sa présence, & prend plaisir à l'orner de jour en jour des richesses de sa grace : *Votre bien-aimé n'est-il pas choisi entre mille? y a-t-il quelqu'autre semblable à lui?* Il est tout à vous : soyez aussi toute à lui. Vous ne le verrez point, jufqu'à ce que le rideau de la foi foit tiré : mais vous l'aurez préfent, & vous l'entendrez au fond du cœur. Il vous dira des chofes que vous ne comprenez pas encore, & que les ames étourdies par le bruit des paffions, & attentives aux chofes du monde, n'entendront jamais : vous ne le verrez pas, dit St. Bernard : mais vous le fentirez au fond de votre ame. Vous en ferez pénétrée, & vous goûterez, mieux que vous ne l'avez encore fait, combien le Seigneur eft doux à l'ame qui le cherche. Car, ou je fuis trompé, ou votre attrait au recueillement eft une grace d'état, & non un don paffager : foyez donc fidele. L'on voit des amis qui ne fe quittent point, des peres & des enfants qui font toujours enfemble, des époux & des époufes fi unis, que rien ne les peut féparer. Les liens de la grace font plus forts & plus tendres : qu'eft-ce que Dieu ne fait pas pour vous remplir, non-feulement de fes dons, mais par lui-même ? Ste Thérefe dit, que lorfque Dieu fe montra à elle, elle en perdit toute connoiffance : que fera-ce quand vous le verrez dans tout cet éclat qui ravit les Anges ? Quoiqu'il fe cache ici-bas fous le voile de la foi, il eft cependant toujours avec ceux qui l'aiment : il vous fera entendre sa voix, ses conseils : il écoutera vos plaintes : il se fera sentir à vous d'une maniere ineffable dans l'oraison : & ces communications répandront une douceur & une force dans votre ame qui la rendra capable d'exécuter tous les desseins qu'il a sur vous. Comptez, Madame, sur l'expérience des Saints & sur la fidélité de Dieu. Il y a encore des bonnes ames sur la terre, qui sont unies à Dieu, au milieu des embarras du siecle, qui languissent d'amour pour lui, qui se fondent en sa présence dès qu'elles l'entendent parler, à qui une de ses paroles fait goûter plus de plaisir que toutes les créatures ensemble n'en peuvent donner, avec lesquelles il entretient une si douce & si étroite union, qu'il n'est point de tourments qu'elles ne soient prêtes d'endurer. Ce sont des énigmes pour les gens du monde, mais vous savez par expérience *combien le Seigneur est doux & aimable* ; dites donc avec le Prophete : *Mon souverain bien est de m'attacher au Seigneur.*

IIe. Motif. L'attention à la présence de Dieu vous rendra fidele, non-seulement à vos plus étroites obligations, mais encore à tous les desseins de Dieu sur vous : n'en doutez pas, Madame, Dieu a des desseins sur vous que vous ne connoissez pas encore : *on demandera beaucoup à celle qui aura beaucoup reçu.* Or, quoique cela soit fort étendu dans l'état où vous êtes, & que Dieu demande de vous de grandes choses, le recueillement vous rendra fidele à tout au milieu de vos embarras. *Vous êtes,* disoit le Psalmiste, *présent à tous mes pas : avant que ma parole soit sur ma langue, vous savez déja, Seigneur, ce que je pense : où irai-je pour me cacher à vous ? si je monte dans le Ciel, vous y êtes : si je descends dans les Enfers, je vous y trouve : si je vole à l'extrémité de l'Orient, ou de l'Occident, ce sera votre main même qui m'y conduira, & vous me tiendrez toujours de votre droite : que si je dis : Au moins les ténebres me cacheront à vos yeux, je trouve que pour me découvrir, la nuit même deviendra lumineuse.* Comment une ame pourra-t-elle manquer à Dieu, pénétrée de ces sentiments ? Comment, dit St. Bernard, pourroit-on négliger de plaire à Dieu, si l'on ne cessoit de le voir par-tout présent & attentif ? Un sujet chargé des bienfaits de son Prince, pourroit-il se résoudre, je ne dis pas à le trahir en sa présence, mais à le contredire, & à résister à ses volontés ? Marchez donc, Madame, devant Dieu, & soyez parfaite : que vos yeux soient toûjours attentifs au Seigneur comme ceux de David. Approchez-vous de Dieu : vous serez éclairée : il vous manifestera les secrets adorables de sa volonté. Il vous donnera la force de les exécuter entiérement, purement, promptement, & comme il le veut. Que ce qu'il a déja fait en vous soit une assurance de ce qu'il fera à l'avenir, si vous persévérez ; mais souvenez-vous qu'il demande des cœurs purs, détachés, fervents en desirs, & dépendants de ses Ministres. L'horreur du péché, les bonnes œuvres & la fréquentation des Sacrements vous rendront tous les jours plus pure & plus digne des communications avec Dieu. Vous aurez tous les jours à vous détacher de nouveau de ce que vous avez déja quitté. Croyez-moi, disoit St. Bernard à ses Religieux, la pratique du retranchement vous est encore nécessaire. Il faut souvent couper ce qu'on avoit déja retranché, parce que la nature reprend aisément ce que l'esprit lui avoit fait quitter, & que les passions poussent malgré nous des rejettons de la même racine qui avoit déja été coupée. Ce saint Pere, si savant dans ces communications avec

Dieu, dit sur les passages du Cantique des Cantiques, où il paroît que l'Epoux ne se montre à l'Epouse qu'après une ardente recherche, que la jouissance pleine de Dieu, & l'abondance de ses graces favorites ne s'accordent qu'aux ames qui ont des desirs véhéments de s'unir à Dieu. Cherchez-le donc, Madame, avec ardeur, quand vous vous sentez dissipée : élevez votre esprit au-dessus des choses qui vous environnent : soupirez après votre bien-aimé : vous ne serez point frustrée de votre attente. Faites comme l'Epouse : demandez à ses Ministres où il est : vous le trouverez sûrement par le ministere des Prêtres : lorsqu'il se cache à vos yeux, il se montre à eux pour se donner a vous : ils ont même le pouvoir de vous réunir à lui, si vous l'aviez perdu entiérement : soyez donc humble & dépendante : il me semble que je vous parle sans intérêt.

LETTRE LXVI.

Sur sa conduite à l'égard du prochain.

JE suis ravi, Madame, que vous ayez eu le courage de vous faire la violence que vous vous fîtes à la chasse. Dieu vous comptera les larmes que vous y versâtes, & l'obéissance aveugle que vous fûtes y pratiquer. La consolation qu'il vous donna dans le moment même de l'exécution, n'est qu'un foible commencement des récompenses qu'il prépare aux vrais obéissants. O qu'il est bon, de nous récompenser ainsi de ses propres dons, & de vous donner à vous tant de goût pour une vertu que sa grace seule peut vous rendre agréable!

Ne pensez pas, Madame, que je prétende vous louer par-là: quand vous ne me l'auriez pas défendu, la crainte seule, que j'aurois de ternir par des louanges la perfection d'une ame dont les intérêts me touchent si sincérement, me retiendroit: & je vous promets de bonne-foi que je ne vous louerai jamais. Je prétends donc uniquement bénir Dieu des graces qu'il vous fait, graces dont vous devez vous estimer si indigne, graces dont vous devez craindre d'abuser, graces qui sont si élevées au-dessus de l'état où la Providence vous a mise dans le monde, graces enfin, qui viennent de sa pure miséricorde, & qui doit vous humilier profondément en même-temps qu'elles vous élevent au-dessus de vous-même. Car enfin, n'est-il pas juste que ce qui descend de lui jusqu'à nous, nous fasse remonter jusqu'à lui ?

Je le loue donc de tout mon cœur de ce que vous travaillez toujours sérieusement à avancer l'affaire de votre salut. Vous ne savez ce que vous êtes, me dites-vous : ne le démêlez-vous pas dans vos Confessions ? Je crois avoir des marques suffisantes, que vous avez l'amour de Dieu, que St. Paul dit être la fin de la loi de Dieu, qui naît d'un cœur pur, d'une bonne conscience, & d'une foi sincere. Vous faites bien de vous détourner des examens sur la sincérité de votre piété : elle pousse des feuilles & des fruits au-dehors, parce qu'elle a de bonnes racines au-dedans : je n'en répondrois pas avec autant de confiance, si je ne voyois votre cœur & vos œuvres. Non, je n'ai guere vu de personne plus aisée à connoître que vous par ceux qui vous conduisent : votre confiance ne vous permet pas de vivre cachée.

Que je suis aise que vous pensiez surtout à la mort, que vous vous y prépariez, que vous viviez dans l'attente de l'avénement de N. S. J. C. ! O quel plaisir, quand nous lui entendrons dire dans cette gloire immense qui l'environnera : *Venez, les bien aimés de mon Père, posséder le Royaume, &c.* ! Concevez un peu quelquefois, autant qu'il est permis de le comprendre, quelle sera votre joie, de vous voir au nombre de ce petit troupeau fortuné, dont Dieu sera à jamais les délices.

Je suis étonnée, dites-vous, *de la grace de notre justification : & je ne puis jamais penser sans tressaillement à la facilité avec laquelle Dieu m'a reçue :* mais quelle sera notre surprise à ce grand jour qui s'approche ! Je suis ravi que vous vous accoutumiez à vous mépriser, & que vous aimiez Dieu de plus en plus. Je garde quelques-unes des dernieres feuilles de vos redditions, où vous me marquez vos dispositions générales, pour vous les représenter, si jamais vous vous refroidissiez : ce que je ne crois point.

J'ai trois choses principales à traiter aujourd'hui avec vous : les entretiens touchant le prochain, le mépris du prochain, & l'impatience.

Vous souhaitez être instruite sur le premier article dans un endroit de votre reddition de Juin : vous vous accusez de cette liberté de parler, que vous n'avez pourtant que par complaisance. Dans un autre article de votre reddition de Mai, vous me dites qu'il y a des occasions de parler fortement contre votre prochain : que vous avez toujours quelques scrupules : que cependant rien ne vous y porte que la gloire de Dieu & vos obligations envers la personne dont vous voulez le salut. Ces deux choses sont fort différentes. St. Thomas traite cette question : *Je réponds, dit-il, que les péchés de parole dépendent principalement de l'intention de celui qui parle ; & comme les discours particuliers contre le prochain tendent à noircir sa réputation, celui-là est véritablement coupable de péché de médisance qui a cette intention : ce qui est*, dit ce Saint, *un grand péché, parce que la réputation est plus précieuse que les autres biens temporels, & qu'un homme flétri n'est plus propre à rien.* C'est pour cela que le St. Esprit dans l'Ecclésiastique dit : *Ayez soin de votre renommée : car elle vaut mieux que les plus grandes richesses :* ainsi, en soi *la médisance est un péché mortel*, conclut St. Thomas.

Cependant, continue-t-il, *il arrive quelquefois que l'on dit quelques paroles par lesquelles la réputation de quelqu'un est diminuée, mais sans dessein de nuire & même pour une bonne fin. Si c'est pour un bien nécessaire, & qu'on observe les circonstances qui sont charitablement à observer, ce n'est point un péché, & ce n'est point une médisance. Que si l'on dit ces choses par légéreté ou pour une cause non nécessaire, ce n'est pas un péché mortel, à moins que ce que l'on a dit ne soit grave & ne blesse considérablement la réputation du prochain, comme il arrive principalement de ce qui touche l'honneur & la probité : car ces paroles, d'elles-mêmes, sont mortelles, & l'on est obligé à restitution.*

Je n'ai fait jusqu'ici que traduire la décision de St. Thomas. Pour vous en faire l'application, il n'est pas nécessaire de vous dire de ne point parler du prochain, ni écouter ce qu'on en dit, à mauvaise intention : il me semble voir bien clairement que votre cœur est fort éloigné de ces vues. Je crois que vous devez écouter ce que l'on vous en dit, parce que dans l'état où Dieu vous met, il est nécessaire que vous connoissiez ceux qui ont relation à la Cour. Si néanmoins vous voyez quelquefois qu'il n'y ait point de nécessité, rompez la conversation, si vous le pouvez. Vous pouvez en parler pour vous instruire, pour éclaircir des faits, pour prendre des mesures, ou des conseils nécessaires. Il faut observer néanmoins de n'en parler qu'à ceux qui peuvent donner des lumieres utiles : mais pour écouter, vous pouvez tout entendre, à moins qu'il ne fût évident qu'il n'y a point de nécessité. Si ce qu'on dit est douteux, suspendez votre jugement : si après l'axamen que vous en aurez pu faire, vous n'avez rien de certain, dites au Roi l'incertitude comme incertitude, quand il est nécessaire. Si l'on dit des choses publiques ou secretes contre le prochain, que vous sachiez déja, dès que vous verrez qu'il n'y a point de nécessité d'en savoir davantage & d'en parler, souvenez-vous de cette parole de N. S. *Agissez vous-même envers les autres comme vous voudriez qu'ils agissent envers vous ; car c'est la Loi & les Prophetes.* St. Matthieu, Chap. 7.

Vous pouvez juger de vos doutes passés & futurs sur ces principes ; & si vous avez omis de vous confesser de ceux dans lesquels vous aurez agi contre votre conscience, réparez vos omissions avant la premiere Communion, en disant le nombre des personnes devant lesquelles vous auriez mal parlé, sans nécessité ou avec un doute.

Je reviens à une regle que j'ai déja touchée, & qui est d'un grand usage pour vous, Madame : *Il y a deux temps*, dit St. Bazile, *dans lesquels on peut découvrir les vices & les défauts du prochain sans aucun péché : le premier est quand il s'agit de la correction du coupable : alors on peut s'entretenir de ses crimes avec ceux qui peuvent y apporter du remede. Le second, lorsqu'on découvre ses vices à ceux qui pourroient en recevoir quelque préjudice, s'ils n'étoient avertis* : si, par exemple, on connoissoit qu'il y eût du danger qu'il ne communiquât ses vices à ceux qui le fréquenteroient : ainsi St. Paul avertit Timothée de se garder d'un certain Alexandre, ouvrier en cuivre : *Evitez-le*, lui écrit-il, *parce qu'il s'est fort opposé à la prédication de l'Evangile.* N. S. n'a-t-il pas découvert les artifices & la malignité des Scribes & des Pharisiens ? ne disoit-il pas à ses Apôtres : *Laissez-les, ce sont des aveugles qui conduisent des aveugles ?* ne les a-t-il pas appellés *hypocrites, sépulchres blanchis, remplis de pourriture,* afin qu'on ne se laissât pas surprendre par leur fausse piété ?

Il est vrai que si l'on avoit lieu d'espérer qu'en faisant avertir le coupable, il se corrigeroit, l'on devroit prendre cette voie sans le décrier : mais s'il y a lieu de craindre de voir élevé aux charges un homme vicieux, il faut en avertir sans scrupule le Maître, en lui disant sans exagération ce qu'on connoît.

Quant à ce qui regarde le mépris du prochain, c'est lui faire injustice de le mépriser pour les choses que Dieu a mises en lui : il n'y a que ce qui vient de l'homme pécheur qui soit méprisable, c'est-à-dire, le péché : ainsi c'est une injustice de mépriser son frere à cause de ses défauts naturels, ou pour les disgraces, que l'on appelle de la fortune : celui qui est désagréable à nos yeux, qui a un esprit simple & grossier, dont l'entretien est ennuyeux, est peut-être plus agréable à Dieu que nous.

Nous devons conformer notre jugement à celui de Dieu : ainsi nous devons souverainement mépriser le péché, quand il est évident : c'est pour cela que St. Pierre, dans sa seconde Epître, appelle ces hommes de Sodome, qui persécutoient Loth, des hommes abominables ; & les faux Docteurs des Chrétiens, il les nomme des animaux sans raison, & dit qu'ils font l'opprobre & la honte de la Religion. Je ne doute point, Madame, qu'il n'y ait des gens de ce caractere dans le pays où vous êtes. Si leur mauvaise vie étoit évidente, elle seroit constamment fort méprisable : l'on ne peut pas estimer ce qui fait la honte de la Religion : mais dans l'incertitude, il faut suspendre son jugement : quand le déréglement est constant, imitons le zele de Dieu & de ses serviteurs : il hait le péché, & veut sauver le pécheur : il lui prête la main, & le rappelle à la bonne vie.

Il faut encore prendre garde, en voyant les vices des autres, de ne nous pas laisser aller à la présomption : *car qu'est-ce que vous avez, que vous n'ayez reçu ? & si vous l'avez reçu, pourquoi vous en glorifiez-vous ?* dit St Paul. Voilà, Madame, le chemin que vous devez suivre : il est temps de vivre de la Foi.

Quand la prudence vous portera à omettre de petits biens, afin d'être plus en état d'en procurer de grands, cette prudence sera elle-même une œuvre de grand mérite & digne de grande récompense. Quand le zele pour l'Eglise ou pour l'Etat vous fera attendre les occasions favorables au bien public, cette attente & ce ménagement de votre zele sera une grande œuvre bien récompensée. Lorsque vous prendrez sur vous dans les occasions importantes, & que vous sacrifierez à la gloire de Dieu votre temps, votre sensibilité, alors *réjouissez-vous : une grande récompense vous attend dans les Cieux*. Rien n'est perdu, Madame : tout est écrit au livre de vie : Dieu rendra à chacun selon ses œuvres : ayez donc bon courage, & ne vous laissez pas abattre par les travaux, ni même par les mauvais succès : c'est le travail que Dieu vous demande, de semer, de planter, d'arroser : l'accroissement est de lui, comme du souverain Maître de tous les événements.

Comme je vois votre journée pleine de bonnes œuvres & de travail, je ne crains point le relâchement, qui devroit naturellement suivre la dissipation & la multiplicité accablante des affaires de votre état : ce que l'on fait pour Dieu conduit à Dieu : ce que l'on fait pour Dieu vaut bien mieux que ce que l'on projette de faire : & dans un bon sens, les bonnes actions valent mieux que les bonnes oraisons : elles sont une meilleure préparation à la Communion : car elles sont non-seulement la preuve de l'amour de Dieu, mais l'exercice même de cet amour. Ne craignez pas que Dieu vous abandonne au péché par l'accablement & les surprises de votre état : la charité continuelle & les bonnes œuvres vous préserveront de grandes fautes, & couvriront les petits péchés. Les bonnes œuvres sont la ruine des vices, la destruction du péché, la purification de l'ame, & la paix de la conscience, le soutien des vertus, la vie de la grace, le gage certain de l'éternité. Dieu se donne sans réserve à une Carmélite qui vit dans une priere & une austérité continuelles : vous la pouvez surpasser, en priant moins & en faisant plus. O que la place que vous occupez dans le Royaume de Dieu est grande ! qu'il vous est certain & aisé de vous avancer, si vous le voulez ! que vous êtes un grand spectacle aux Anges & aux hommes ! qu'il vous est facile de vous enrichir selon la grace, si vous êtes humble, patiente, courageuse, zélée, fervente en tout, douce, charitable, prudente, fidelle à Dieu dans les bonnes œuvres de votre état, invincible aux rebuts, difficultés, & contradictions que vous y rencontrez ; si vous qui pouvez commander, vous êtes ravie d'obéir à votre Dieu ; si enfin, au milieu des biens & de la prospérité mondaine, vous brûlez du desir des biens éternels ! Communiez, Madame, communiez souvent, communiez avec une pleine confiance; faites, dans la Communion, votre provision de force & de vertu, que vous prévoyez vous être le plus nécessaire : que l'Autel & la Table de J. C. soient votre asyle contre la dissipation du siecle : parlez à J. C. dans le temps de la Messe & de la Communion, pour pouvoir ensuite parler au monde, selon ce que vous aurez entendu de votre divin Maître.

LETTRE LXVII.

Sur le salut du Roi.

Votre place, Madame, est une place de foi & de patience. Le monde a attendu le Sauveur pendant quatre mille ans : le salut & la perfection des particuliers doivent être opérés avec une attente persévérante. Vous recueillerez avec joie ce que vous semez avec tristesse. Ste. Monique pleura long-temps les égarements de St. Augustin, dont elle obtint enfin la converfion : il a fait la joie & la gloire de l'Eglife par la fainteté éminente de fa vie, & par la perfection de fa charité. Je ne puis croire, Madame, *qu'un homme de tant de prieres, à qui Dieu a donné une amie fi fidelle & fi Chrétienne, comme par un miracle*, ne devienne à la fin un homme nouveau, tel que vous ne le reconnoîtrez plus : ne vous découragez donc pas : travaillez en paix, avec circonfpection, mais fans relâche, à cette excellente œuvre que Dieu vous a confiée : Dieu n'exige de vous, que ce qui dépend de vous : c'eft à lui à donner le fuccès. Vos prieres & vos fouffrances font écrites dans le livre de vie. Quand vous êtes accablée, dites doucement à Dieu au fond de votre cœur, que vous êtes trop heureufe de pouvoir offrir quelque chofe à celui qui vous a tout donné : je ne ceffe, Madame, de le prier, que vous ayant fanctifiée il fanctifie enfin le Roi.

LETTRE LXVIII.

Exhortation à la confiance.

Vous me paroissez, Madame, dans la tristesse & dans la souffrance, mais soumise, & contente de vivre dans l'ordre de Dieu : c'est tout ce que je souhaite le plus : continuez à vous enrichir de bonnes œuvres, malgré vos résolutions. La condition de l'homme est de vivre peu de temps, accablé de plusieurs miseres : il s'éleve & se flétrit comme une fleur, & il ne demeure jamais dans un même état : Dieu daigne cependant avoir les yeux ouverts sur lui, pour le récompenser de ses œuvres. La bonté de Dieu est admirable : il a voulu que le temps de nos peines fût très-court, & que celui de notre récompense fût éternel : le temps s'approche, & l'Evangile de ce jour nous dit que ceux qui auront fait de bonnes œuvres ressusciteront à la vie éternelle, & les autres, à leur condamnation. Tous les Saints que l'Eglise nous représentoit hier dans l'Epître, les palmes à la main, auprès du trône de Dieu, ont tous passé par les tribulations de leur état : quelques-uns en ont essuyé d'extrêmes : aujourd'hui ils regnent dans la gloire. Je suis persuadé que Dieu lui-même vous a révélé les dispositions où vous êtes : il vous a inspiré la foi, la patience, l'espérance qui vous soutient, afin que vous en souteniez d'autres, auxquels il vous a unie. Peut-être, Madame, Dieu veut-il mettre bientôt fin à nos malheurs ; il faut le lui demander sans intermission : vos prieres, jointes à celles du Roi dans un esprit de confiance & d'une humble soumission, nous attireront peut-être bientôt le secours d'en-haut, dont nous avons besoin. Théodoret rapporte dans son Histoire, que Théodose, dont les troupes avoient été défaites le jour précédent, résolut néanmoins de donner bataille le lendemain avec ce qui lui restoit de gens, quoique foibles & battus ; il ne voulut pas que l'étendard de la Croix qui brilloit à leur tête, se retirât devant les statues de Jupiter & d'Hercule, que les ennemis faisoient porter devant eux : voyant le besoin qu'il avoit d'un secours extraordinaire du Dieu des armées, il passa la nuit dans une Chapelle, prosterné en oraison : s'étant assoupi, il vit deux Cavaliers vêtus de blanc, sur des chevaux blancs, qui l'assurerent qu'ils étoient envoyés pour combattre avec lui, & qu'ils lui répondoient de la victoire. L'événement justifia peu d'heures après la vérité de cette promesse. Quand Dieu tarderoit encore à nous exaucer, il ne faut pas se lasser de le demander. Je ne puis croire, Madame, qu'un Roi si plein de foi, & un Royaume si plein de bons Chrétiens, deviennent la proie des hérétiques, si nous persistons à recourir à Dieu avec ferveur.

LETTRE LXIX.

Conseils généraux.

POurquoi croyez-vous, Madame, que vos redditions me donnent une idée de vous, bien différente de vous-même ? elles sont, je vous assure, très-bien : je vous y vois à découvert : vous y marquez sincérement les différents états de votre ame. Je suis ravi de voir croître tous les jours votre bonne volonté, qu'elle se fortifie, qu'elle s'étend de plus en plus. Dieu veuille qu'elle soit bientôt sans bornes & sans aucune mesure ! Il faut que vous vouliez très-sincérement tout ce que Dieu veut, comme il le veut, &

autant qu'il le veut, ce qui est bon, ce qui est le meilleur, ce qui est parfait devant ses yeux, par rapport à vous. Mais il ne faudra cependant rien faire qu'avec soumission, & selon la mesure qui vous sera donnée. Au nom de Dieu, Madame, ne vous lassez pas de renouveller sans cesse les offres de votre bonne volonté & de votre abandon. Je vous l'ai déja dit, vous êtes dans le temps de beaucoup offrir, & dans l'âge de desirer beaucoup, quoiqu'il vous semble que vous ayez peu de chose à faire : *Celui-là fait beaucoup*, dit l'Imitation, *qui fait bien tout ce qu'il a à faire*. J'espere que Dieu fera par vous des biens que vous ne connoîtrez que dans l'éternité. Vous me ferez plaisir de marquer dans vos redditions ce que vous faites au-delà de ce qui vous est prescrit. Mangez le pain vivifiant; ne craignez point, il ne se changera pas en poison, il vous changera en lui : & comptez que vous n'avancerez jamais sans ce puissant secours : vous ne deviendrez pas forte, sans le pain des forts : c'est l'usage de l'Eglise, de fréquenter plus souvent cet incompable Sacrement dans le temps du Carême : dites-moi sur cela simplement vos desirs.

Aidez, Madame, tout franchement

les ames droites & sinceres, sans prendre trop sur vous ; ne laissez pas d'écouter celles que votre faveur pourroit un peu porter à la piété, pourvu que vous remarquiez à travers de cette imperfection un vrai desir de salut : l'on ne passe point tout d'un coup aux pratiques pures du renoncement à soi-même : Dieu veut peut-être se servir de votre exemple & de vos conseils, à l'égard de celle dont vous m'écrivez, & de beaucoup d'autres femmes que Dieu veut rendre Chrétiennes, & que la bonne odeur de J. C. attirera par vous. Prêtez-vous à elles, quand vous le pourrez ; hasardez même quelquefois hardiment certaine semences dans des terres ingrates, lorsque l'occasion s'en présentera, pour voir si elles n'y prendront pas racine. Un bon avis, une parole de piété, une pratique inspirée à propos, ont été souvent le commencement d'une conversion exemplaire. Non, vous n'êtes point à la Cour pour vous seule : gagnez, si vous pouvez, Madame de * *. : puisqu'elle s'avance, recevez-la : le coup de filet seroit heureux.

Vous ne pouvez fournir à tout, & vous devez, préférablement au reste, songer à vous, au Roi, & à St. Cyr.

Vos craintes me rassurent, sur-tout lorsque je les vois se perdre dans une admirable confiance en Dieu. Je comprends tout ce que vous me mandez du danger de l'amour-propre & de l'ascendant que vous avez par-tout : mais le Seigneur est votre protecteur, votre soutien, votre guide : vous n'en aurez plus d'autre jusqu'à la mort & dans les siecles des siecles. Vous serez dorénavant un peu plus de mon troupeau, qu'au temps passé : mais mon zele ne sauroit augmenter pour votre salut : & je prie Dieu qu'il m'en donne toujours autant pour le mien, que j'en sens pour le vôtre. Je vous regarde comme le soutien, non-seulement de St. Cyr, qui est la principale maison du Diocese de Chartres, & qui tient à tout le Royaume, mais comme l'appui de l'Evêque que vous avez donné à ce Diocese : vous serez ma couronne & ma joie au jour de l'avénement de J. C. Je me tiens très-fort chargé de votre ame : & par-là j'espere que Dieu me récompensera, si je suis fidele à vous conduire à lui, & à lui donner en vous la consolation qu'il attend. Je me servirai de tout ; je ne vous écouterai pas seulement, mais encore le public : & je profiterai de ce qui me reviendra, pour faire jusqu'à la fin mon devoir auprès de vous. Souvenez-vous *que vous êtes poudre, & que vous retournerez en poudre* : portez en vous ce sentiment qui convient à la pénitence : priez, offrez-vous : attendez le moment de faire : recevez les mortifications de providence : pratiquez la charité, sauvez les ames, aimez Dieu sans mesure, abandonnez-vous à lui ; ne cessez point de vous humilier intérieurement ; communiez avec confiance, & avec épanchement de cœur; dites tout au grand Pasteur, quoiqu'il sache déja tout, & qu'il sonde les cœurs & les reins. Je crois que St. Cyr doit entrer par préférence dans vos bonnes œuvres : St. Cyr doit être votre Carême, votre mortification, votre mérite, votre sanctification, comme j'espere qu'il sera votre couronne dans l'éternité.

LETTRE LXX.

A l'occasion des malheurs de l'Etat.

J'Écrirai, Madame, à M. le Nonce ce que vous me chargez de lui faire savoir. Je suis ravi de la dévotion que vous avez pour la précieufe relique de la Ste. Croix, où J. C. a opéré notre falut : elle vient de l'amour & de la reconnoiffance que vous avez pour celui qui eft notre unique efpérance. Humilions-nous, Madame, fous la puiffante main de Dieu, afin qu'il vous releve au temps de fa vifite : déchargeons-nous fur lui de toutes nos inquiétudes, parce qu'il aura foin de nous après un peu de fouffrance : le Dieu de toute grace qui nous a appellés à fon éternelle gloire par J. C., nous perfectionnera, & nous rendra fermes & inébranlables. Que favons-nous, s'il ne dirige pas les grands événements qui nous abattent, afin de nous rendre plus Chrétiens, plus amis de la paix, plus équitables ? nous ferons moins puiffants, mais nous ferons moins enviés & plus tranquilles : nous ferons plus humbles, plus modérés, plus enclins à prier : nous ne dirons pas : *C'eft la force de notre bras qui a fait cette merveille qui nous a fauvés :* nous dirons : *C'eft le bras du Tout Puiffant qui nous a délivrés de nos ennemis.* Je voudrois comme vous, Madame, un Jubilé univerfel : je le marquerai à M. le Nonce. Dieu feul peut retirer l'Europe des maux extrêmes où elle eft réduite : il eft bien jufte de recourir à lui, comme à l'unique reffource qui peut légitimement fonder notre efpérance. Au nom de Dieu, ne vous enfoncez pas dans l'abyme de triftefſe où vous êtes : vous craignez vos péchés, & la colere d'un Dieu juftement irrité qui nous punit : mais il faut efpérer davantage, dès que nous nous humilions & que nous recourons à lui. Dieu a fouvent puni tout un peuple pour les péchés de fon Roi : il a auffi quelquefois fauvé tout un peuple pour la piété, & le retour d'un feul : *Je ne détruirai pas tout votre Royaume*, dit Dieu à Salomon, contre lequel il étoit irrité depuis fa chûte, *à caufe de David mon ſerviteur*. Il eft donc effentiel, Madame, que vous continuiiez à foutenir la piété du Roi : notre falut dépend de fa Religion, de fa confiance en Dieu, de fa modération, de fon humilité, de fon équité. Quand Dieu voudroit changer les bornes de ce Royaume, ne vaut-il pas mieux facrifier quelque chofe à la paix, que d'expofer tout le refte? Du moins, il eft bon de confulter Dieu fur cela, & de lui expofer un cœur foumis & préparé à toutes fes volontés. Quoi qu'en difent les faux Sages & les politiques du fiecle, c'eft Dieu qui perd & qui fauve. Que nos ennemis *fe confient dans la multitude de leurs chevaux & de leurs armées*, qu'ils s'appuyent fur les alliances honteuses qu'ils ont faites avec l'hérésie ; pour nous, nous nous *confierons au Seigneur qui a fait le Ciel & la Terre*, & qui connoît le zele de notre Monarque pour la Religion. L'heure est venue, Madame, à laquelle il vous prépare depuis long-temps : il faut lui être fidelle ; il faut lui demander cette sagesse qui vient d'en-haut, qu'elle soit avec vous, qu'elle vous conduise dans tout ce qui regarde le bien public : il faut partager avec le Roi ses peines & ses douleurs : il faudroit prier avec lui, & lui faire dire ces paroles de *David* : *Mon cœur est préparé, Seigneur, mon cœur est préparé.* Cette préparation de cœur dans un Roi religieux, qui se remet entre les mains du Tout-Puissant, est la plus excellente de toutes les prieres : cette priere monte jusqu'au Trône de Dieu, & n'en revient pas sans être exaucée.

Dans les grandes tristesses, on n'est pas maître des facultés inférieures de l'ame : mais quand vous vous sentez, Madame, toute absorbée par l'affliction, faites comme on fait dans les grands sieges : lorsque l'ennemi s'empare des dehors des Places fortes, on se retire au-dedans, & enfuite dans la citadelle : l'avantage que vous aurez, c'est que cette partie supérieure de votre ame est parfaitement soumise à Dieu : il y a mis une forte garnison : cette partie de la Place est imprenable : Dieu est au milieu, pour la défendre ; elle ne sera donc jamais ébranlée : il est vrai que c'est une grande peine que le dehors de la volonté soit ainsi au pillage : mais tant que vous tiendrez bon dans le fort, dans cette cime que Dieu vous ordonne de ne rendre jamais à l'ennemi, à quelle composition que ce soit, vous serez bien heureuse, parce que vous serez fidelle : le reste ne dépend pas absolument de vous : mais cette partie principale ne peut être prise par l'ennemi, si vous-même ne lui en donnez les clefs. Retirez-vous donc souvent dans ce temps de trouble en cette cime de votre ame : & au-lieu de vous enfoncer dans la tristesse, recourez à cet asyle de sûreté où Dieu vous attend, où il vous fortifiera, consolera, conseillera, & sanctifiera : c'est ainsi que le Prophete *David*, dans l'abyme d'une profonde humiliation, où il expose à Dieu que sa vie se consume par la douleur, & dans de continuels gémissements : *Toute ma force*, lui dit-il, *est affoiblie, & je sens* le trouble jusques dans mes os : je suis devenu semblable à un vase brisé ; car j'ai entendu les reproches injurieux de plusieurs de ceux qui m'environnent : il ajoute aussi-tôt : *Mais j'ai espéré en vous, Seigneur :* j'ai dit : *Vous êtes mon Dieu : tous les événements de ma vie sont entre vos mains : arrachez-moi des mains de mes ennemis, qui proferent des paroles d'iniquité contre le juste avec un orgueil plein de mépris :* Il finit enfin par ces paroles, qui marquent qu'il a été exaucé : *Combien est grande, Seigneur, l'abondance de votre douceur ineffable, que vous avez cachée & réservée pour ceux qui vous craignent ! vous les retirerez dans le secret de votre face, afin qu'ils soient à couvert du trouble des hommes ; vous les défendrez dans votre tabernacle contre les langues qui les attaquent : que le Seigneur soit béni, parce qu'il a fait paroître envers moi sa miséricorde d'une maniere admirable !*

LETTRE LXXI.

Sur le choix d'un Directeur.

JE vous ai bien recommandée à N. S. aux saints Autels où je viens d'offrir le Sacrifice. Plus je pense à ce que vous m'avez proposé, plus je crois Monsieur.... (vraisemblablement M. de la Chetardie) propre à cette fonction : il ne changera rien à ce que nous avons réglé, il vous conduira par la même voie : il connoît le monde : il est savant, expérimenté, plein de douceur & de zele pour vous, & de l'esprit de Dieu : il vous faut un homme très-prudent : je suis consolé quand j'y pense : ce saint Pasteur est très-sage, & très-sobre dans sa sagesse : il n'est pas de ceux qui n'approuvent que ce qu'ils ont fait ou conseillé : il ne vous surchargera pas de nouvelles pratiques : il n'aura point un empressement à vous suivre par un zele excessif, & avec une contrainte qui ne vous convient pas : il vous consolera dans vos peines, il vous ranimera dans vos langueurs, il vous conseillera dans vos doutes : vous avez besoin d'un tel soutien, & je crois que vous ne devez, ni vous en priver par esprit de sacrifice, ni présumer assez de vos forces pour vous en passer. Si dans la suite, Madame, ceux dont nous parlâmes hier se trouvent plus propres, si de nouvelles découvertes nous engagent à la confiance, nous en parlerons. J'espere que Dieu ne me retirera pas sitôt : en tout cas, je ne crois pas à présent vous exposer à aucun repentir, ni à aucun mécompte, en vous proposant le successeur dont je viens de vous faire le portrait en abrégé. Vous lui donnerez vos redditions, & vous lui montrerez les écrits qu'on vous a donnés pour votre conduite ; VOUS LUI DIREZ VOS LIENS, vous marcherez toujours en confiance, & dans la sainte liberté qui convient à votre caractere & à votre état. J'ai tâché de vous suggérer les pratiques communs du Christianisme, & de vous recommander toujours la fidélité à vos dévotions particulieres, l'éloignement des nouveautés, une vertu aimable, la tolérance de bien des choses, l'habitude d'attirer sur vous par la priere la sagesse d'en-haut, la peur d'être surprise par la sagesse du siecle, qui domine au-lieu où vous êtes. J'ai cultivé, le plus qu'il m'a été possible, l'attrait que vous avez à la présence de Dieu, & le recours fréquent à N. S., dans l'amour duquel vous devez être affermie, fondée, enracinée, inébranlable : c'est pour cela que je vous ai conseillé la fréquentation des Sacrements, & une grande dévotion à la sainte Messe. J'ai espéré que dans cette vie édifiante, toute Chrétienne, qui n'avoit rien de singulier au-dehors, vous gagneriez plus d'ames à la Cour, & que Dieu répandroit au-dedans de vous ses dons & cette beauté singuliere, que le Psalmiste nous représente au-dedans & dans le secret du cœur de la fille du Roi : & je n'ai point douté que par ces observances communes du Christianisme, par la fidélité aux pratiques particulieres des devoirs de votre état, par l'abondance de vos bonnes œuvres, & par cet amour pour N. S. J. C., vous ne vous élevassiez, de vertu en vertu, à une très-haute perfection, d'autant plus sûre pour vous, qu'elle seroit moins connue du monde, & plus éloignée de toute singularité. Persévérez, Madame; achevez l'œuvre que votre Dieu vous a confiée, & pour laquelle il vous a appellée à la Cour : il vous fortifiera dans vos tentations : il sera avec vous dans vos peines : allez toujours confidemment au Trône de sa grace par J. C. Vous êtes dans la voie du salut éternel, tandis que vous êtes environnée de Chrétiens superficiels, qui suivent *des routes qui leur paroissent droites, & dont l'issue est la voie de la mort.* Votre mort pourra être subite, elle ne sera jamais imprévue : Dieu nous cache notre dernier jour, afin que nous veillons tous les jours de notre vie. Dans le temps de sécheresse, desirez le desir ; c'est-là cette bonne volonté à laquelle une grande paix est promise : c'est-là le gémissement qui plaît à Dieu, & qui vaut mieux que les prieres vocales. Je connois le fond de votre cœur : vous vous repentez de vos péchés : vous avez une haine irréconciliable contre les ennemis de notre souverain Maître. J'ai plus d'envie de vous aider que jamais. Que ne voudrois-je pas faire pour celle qui est vraiment ma sœur, ma fille, ma mere ?

LETTRE LXXII.

Sur la Fête de Noël.

J'Espere, Madame, me rendre à St. Cyr, Lundi au soir. Je reçois une excellente nouvelle en apprenant que votre santé se rétablit : chargez-moi bien,

Madame : ce fera un grand furcroît de joie pour moi ! je porterai ce fardeau de bon cœur : ne craignez donc pas de m'accabler ; trop heureux, fi je puis vous foulager en vous aidant à porter ce qui vous accable. J'ai une grande efpérance que N. S. vous rendra cette charge plus légere, ou qu'il vous fortifiera pour la bien porter. Allez, Madame, allez fouvent dans ce faint temps lui faire en efprit votre Cour à Bethléem, & dites comme les pieux Bergers : *Allons jufqu'à Bethléem: voyons cette merveille qui eft arrivée, que le Seigneur nous a découverte.* Que cette crêche eft admirable ! les palais des Rois font-ils comparables à ce faint lieu ? c'eft le féjour de la paix : c'eft le Sanctuaire de Dieu : c'eft le Paradis terreftre : les Anges y accourent en foule, felon l'ordre de Dieu le Pere, pour y adorer fon fils unique entrant en ce monde : car l'Epître aux Hébreux nous apprend, que lorfqu'il envoya dans le monde fon fils premier né, il dit : *Que tous les Anges l'adorent !* N'eft-ce pas là cette multitude de la milice du Ciel, qui, felon St. Luc, fit entendre aux Bergers le Cantique de la joie : *Gloire foit à Dieu au plus haut des Cieux, &c.* ? Ils admirent la fageffe de Dieu qui commence à éclater dans ce profond myftere, lequel eft, par excellence, le myftere de la Religion.

Jesus-Christ promis, & J. C. donné, voilà toute la Religion : il étoit hier, il eft aujourd'hui, il fera demain : c'eft un enfant qui eft Dieu & Sauveur : il eft enveloppé de langes, & couché dans une crêche : ce myftere eft devenu manifefte à notre foi : Dieu a pris foin d'en démontrer la vérité : il a été annoncé par les Anges, juftifié par l'accompliffement des prophéties, confirmé par un nombre infini de prodiges, par la converfion du monde incrédule, & par la gloire fuprême dont Dieu a enfin couronné fon Fils unique au jour de fa réfurrection : événement attefté par des témoins oculaires, irréprochables, tous morts pour le foutien de cette merveille. *Ce qui a été dès le commencement, ce que nous avons ouï, ce que nous avons confidéré, ce que nos mains ont manié touchant le Verbe de vie, nous vous l'annonçons : car la vie s'eft manifeftée, & nous l'avons vue : nous en rendons témoignage : nous vous annonçons la vie éternelle qui étoit dans le Pere, & qui s'eft découverte à nous : ce que nous avons vu, & ce que nous avons ouï, c'eft ce que nous vous annonçons, afin que vous entriez en fo-*

ciété avec nous, avec le Pere, & avec J. C. son Fils. Ainsi parloient, prêchoient, écrivoient ces hommes pleins de sagesse & de vérité, témoins des merveilles de J. C. : voilà ce que la sainte Vierge conservoit dans son cœur, à mesure que le mystere de J. C. se développoit. O ! qu'il fait bon pour vous, Madame, à Bethléem ! allez-y montrer votre foi, relever votre espérance, enflammer votre charité & votre gratitude : dites lui ces paroles d'un grand serviteur de Dieu : » Seigneur ! si ce que nous » croyons est une erreur, c'est vous-» même qui nous avez trompés, puisque » vous avez fait tant de miracles en fa-» veur du mystere de J. C. qu'il est im-» possible de ne pas le croire ". Allez, Madame, vous consoler à Bethléem : allez-vous-y décharger de vos peines : allez entendre ces paroles de la bouche sacrée de J. C. : *Venez à moi, vous tous qui êtes chargés, & je vous soulagerai.* Je ne doute point que ces paroles ne soient plus particuliérement pour vous. Quoi ! celle que Dieu a envoyée au milieu du monde pour y soutenir sa gloire, & qui desire de tout sacrifier à sa Religion, seroit délaissée ! elle souffre, parce qu'elle est fidelle, & Dieu l'abandonneroit ! sa volonté est prompte, son corps est infirme, & le Dieu fort ne la soutiendroit pas ! elle demande sans cesse la sagesse, & le Conseiller des hommes l'abandonneroit à l'incertitude des temps où nous sommes ! elle ne veut que remplir les devoirs d'une place pénible, importante, qu'elle n'a pas choisie, qu'elle ne demanderoit pas, qu'elle occupe par soumission à la Providence, & le Dieu de miséricorde ne seroit pas touché de ses vœux ardents pour le bien public ! & il seroit inexorable aux prieres que le St. Esprit excite dans son cœur ! Non, Madame, je ne le saurois penser, & j'ose au contraire assurer qu'elle sera secourue à Bethléem, si elle persévere avec l'Eglise d'y faire sa cour au souverain Seigneur de l'Univers : car il a dit : *Bienheureux sont ceux qui ont faim & soif de la justice, parce qu'ils seront rassasiés !*

LETTRE LXXIII.

Sur les malheurs de l'Etat.

IL me paroît que Dieu est avec vous; je le bénis de la droiture avec laquelle par sa grace vous allez en toute chose au bien. Persévérez, Madame : que ne devons-nous pas à Dieu & à la Religion dont il nous a éclairés ? Dieu ne vous a point donné une Religion de femme mondaine, ou de ces ames occupées de petites pratiques, & fort ignorantes dans les grandes : vous avez reçu la couronne de quelque Prélat, de quelque grand personnage qui n'a pas su garder ce qu'il avoit : & Dieu vous a donné sa portion, afin que vous en rapportiez des fruits. Gardez mieux que ce pauvre disgracié, qui nous est inconnu, ce qu'il a perdu & qui vous a été donné, selon cette parole de l'Apocalypse : *Gardez bien ce que vous avez, de peur qu'un autre ne reçoive votre couronne.* Vous souffrez, Madame, par bien des endroits, & souvent avec ennui, tristesse & répugnance : mais ces souffrances acceptées avec soumission aux ordres de Dieu, que vous ne pouvez détourner, lui font agréables.

Hélas! Madame, je suis honteux de vous en parler : car je sens une langueur qui me fait fort desirer ma guérison, & qui me réduit à une acceptation aussi languissante, quoique je desire bien sincérement de parvenir à ce degré : car, quoi de meilleur ici-bas, que d'obéir à un si bon Maître & à un tel Pere, qui, pour une légere souffrance, nous prépare une paix éternelle d'une incomparable gloire qui surpassera toute mesure?

Comment pourriez-vous, Madame, être insensible à ces peines, qui sont dans les foibles & dans les mondains la source de tant de péchés? Vous croyez quelquefois être trop sensible aux choses qu'il faut quitter, & froide pour ce que vous allez trouver : c'est ce que vous me marquez en un endroit. Mais vous ne serez pas insensible à ce qui se passe ici-bas, quand même vous l'auriez quitté. La charité qui vous presse sur les besoins de l'Etat ne vous laissera pas indifférente ni oisive : mais elle sera plus pure. L'état parfait de l'autre vie vous délivrera des imperfections qui se mêlent ici-bas à vos vertus. Vous aimez à présent comme un enfant : là-haut, vous aimerez comme les parfaits. Vous marchez ici bas dans l'obscurité, & vous ne voyez qu'à demi & à travers un nuage : là-haut, vous verrez à découvert toutes choses dans la clarté de Dieu. Ici-bas, l'esprit est prompt & la chair est foible : là-haut, tout sera sain & plein de force. Le capital dans ce pélérinage est de faire tout dans la vue de plaire à Dieu, & de mériter la perfection consommée de l'amour qui nous unira à lui. On vous maudit, mais ce sont les méchants : vous êtes haïe de ceux qui haïssent Dieu, & que Dieu hait ; de ceux qui seront couvert de honte & d'une éternelle confusion ; de ceux qui n'aiment ni le Roi ni l'Etat ; de ceux qui n'oseroient paroître que sous les déguisements des libelles anonymes : mais vous êtes chérie de Dieu. Vous devez donc vous réjouir d'avoir part aux malédictions que l'Evangile prédit aux amis de Dieu, qui souffrent pour la justice. Plus je vous approfondis, Madame, dans l'état présent des affaires & de l'humiliation du Roi, plus j'admire les vues de Dieu sur vous. Il éleve les uns pour les perdre, à cause des maux infinis qu'ils font dans les grandes places où ils ne devroient faire que du bien : il vous a élevée pour vous sanctifier par la voie de la souffrance & de la croix, & par l'abondance des bonnes œuvres dans le lieu des plaisirs. Que seroit le Roi, s'il étoit livré à une personne flatteuse & mondaine ? Tant que l'aversion pour ses défauts sera jointe à *l'amour tendre* que vous avez pour lui, & à la compassion qui vous fait partager avec charité, aux dépens de votre repos, ses malheurs, ses douleurs, & son accablement, il n'y a rien à craindre pour vous : *Dieu a formé le lien qui vous unit.* Soyez seulement attentive à ne vous pas rebuter : il a besoin de vous, & nous avons grand besoin de lui, comme j'avois l'honneur de vous le dire hier : il faut le préparer aux vérités qu'il n'aime pas, par la joie qu'il aime beaucoup : il faut l'encourager, le réveiller, l'attrister quelquefois, & le consoler souvent. Si je ne savois que Dieu est en vous avec une grande abondance de graces, je ne pourrois, Madame, me résoudre sans peine à vous donner de tels conseils : car je sais les épreuves par où vous avez à passer pour en venir là : quel moyen de réjouir les autres, quand on est soi-même accablé de tristesse ! Ayez confiance en Dieu, qui unit si tendrement deux personnes si différentes dans leurs sentimens.

LETTRE LXXIV.

JE crains pour vous, Madame, l'impression de la misere publique, quoique je ne puisse m'empêcher d'être ravi de votre charité tendre pour les pauvres. *Il n'est pas en mon pouvoir, dites-vous, de n'être pas triste au milieu de tant de sujets d'affliction & d'inquiétude. Peut-on voir autour de soi le scandale du siecle, la désolation de la guerre, les miseres de ses freres qui sont dans d'extrêmes souffrances, sans être affligée?* C'est-là sans doute le caractere de la charité, le sentiment des élus, de pleurer sur les scandales, de gémir sur les playes de l'Eglise, de compatir à ses freres : c'est même un des sujets des plus légitimes d'affliction. Mais il faut cependant la modérer par la conformité à la volonté de Dieu.

Vous avez part, Madame, à la béatitude de ceux qui pleurent, quand vous gémissez des miseres de la guerre, & des souffrances du peuple. Vous participez aussi à ceux qui ont faim & soif de la justice, en desirant avec empressement la paix générale qui est l'unique remede à tant de maux. Que je suis ravi de voir que vous ne tenez plus au monde que par la sensibilité à la misere publique! Cependant, au milieu de la joie que j'ai eue en vous allant marquer toute ma reconnoissance du successeur que vous m'avez donné, vous m'avez fait une très-grande compassion : souvenons-nous de ce que les Apôtres disoient à leurs Disciples : *C'est par beaucoup de peines & d'afflictions que nous devons entrer dans le Royaume de Dieu.* Je touche à la fin de ma carriere, & je vois que je n'ai pas assez souffert : le temps du salut, Madame, approche pour vous, comme pour moi. Mettons à profit nos souffrances : avançons à grands pas, à mesure que le jour finit : je le demanderai à Dieu pour vous, Madame, & pour moi, jusqu'au dernier soupir de ma vie. Personne ne vous est plus acquis, parce que personne ne vous a mieux connue.

LETTRE LXXV.

Sur divers sujets.

Abandonnez, Madame, tout simplement ce qui vous fatigue trop : il y en aura toujours assez, pourvu que vous remplissiez la mesure de votre état. Vous ne devez pas reprendre les soins que vous dites avoir quittés depuis vingt ans. Ne vous fatiguez point tant du soin des autres : mais ne vous négligez point, de maniere à faire décrier les Saints vos bons amis, qu'on rendroit responsables de tout ce qui feroit de la peine en vous. Donnez peu pour avoir beaucoup : vous avez à gagner une ame par les choses innocentes, par des manieres faciles, par une dévotion gaie : ne lui laissez donc rien voir qui puisse l'effaroucher. Souvenez vous que, selon St. Paul, les austérités corporelles ne sont pas essentielles, mais que la piété sanctifie tout ce qui est permis & innocent. Ne vous contentez donc pas d'être gaye au-dedans, faites part de votre joie à ceux qui ont droit de vous en demander.

Craignez votre choix même dans le bien quand il peut y avoir quelque inconvénient. L'on fait beaucoup, quand on fait ce que Dieu demande avec persévérance & avec amour. Je crois que vous avez, quant à présent, votre mesure : tâchez de la remplir avec joie, simplicité, humilité. Je ne vois point sans une grande consolation le penchant où la grace vous porte touchant l'humilité : je sais qu'il y a des combats en vous : la vanité vous attaque souvent : vos redditions en font mention : mais l'humilité vous défend mieux que jamais. Que le Dieu de paix, qui apprend si bien aux superbes à s'anéantir, soit à jamais béni d'un si grand don !

Si les bains dont vous me parlez, sont modeste, vous pouvez vous en servir. Changez librement & hardiment votre ceinture en bracelet, quand cela vous convient. Il n'est point nécessaire, Madame, que la demi-heure de votre méditation soit de suite : Dieu en recueillera toutes les parties : ce qui est essentiel, c'est qu'elle soit humble & fervente, & qu'elle soit du fond du cœur. Ce seroit bien un vrai scrupule, si étant toute la matinée à l'Eglise les Dimanches, vous doutiez si votre oraison est faite. La priere n'est point une interruption à la priere : ce n'est pas quitter Dieu que d'être toujours avec lui. Je n'ai garde, Madame, de vous ôter le pain des enfants ! je vous le conseille, cette année, aussi fréquemment que l'année passée, pourvu que vous soyez fidelle à ne faire sur cela aucune contrainte à votre santé. Après cela, communiez souvent : ce sera un motif & un moyen excellent de sanctification pour vous. Le bois sec n'est pas plus aisé à enflammer, qu'une ame bien préparée n'est susceptible de ce feu divin, que le Sauveur est venu apporter sur la terre, & qui enflamme les fideles à la sainte Table.

J'apprends en ce moment que votre santé ne se rétablit point : & j'en suis dans une véritable peine. Je sais par expérience combien les maux d'épuisement viennent d'une maniere insensible, & à quel point ils sont opiniâtres. Il y a je ne sais combien d'années que je languis, pour avoir négligé ma santé dans ma premiere jeunesse. Votre santé, ni votre vie, ne sont à vous, Madame : c'est un dépôt confié : vous devez en prendre le même soin que vous prendriez de celle d'un autre dans le même cas. Quand on fait autrement, ce n'est pas détachement de soi, c'est défaut de simplicité. Quant au danger de se flatter, on est entiérement à l'abri, en se laissant juger par le meilleur médecin qu'on prie de parler sans compliment. Pousser le scrupule plus loin, c'est vouloir être trop sage, & supposer que Dieu ne se contente pas de la vraie droiture. Quand on a un naturel courageux comme le vôtre, on a plus de peine à s'appetisser & à se rabaisser à tous

ces

ces petits ménagements de santé, qui paroissent des foiblesses & des relâchements, qu'à s'élever par grandeur au-dessus de tous les besoins. Ainsi il y a plus à s'humilier, à devenir simple, & à mourir à soi dans cette conduite qui paroît un relâchement, que dans la rigueur qui n'épargne en rien le corps. Il vaut mieux faire la volonté de Dieu, en ménageant ses forces, que goûter sa présence : l'un est fidélité pour lui, l'autre est jouissance pour nous-mêmes. Vous tenez trop à cette présence apperçue & réfléchie de Dieu qui vous est donnée, & qui est bien moins Dieu pour vous, que l'accomplissement de son ordre. Ménagez donc votre santé, moins par les remedes que par le repos & la gayeté. Vous n'y perdrez rien pour l'intérieur, en préférant le pain le plus sec aux lait le plus doux.

LETTRE LXXVI.

Sur l'amour désintéressé.

IL y a, Madame, plusieurs choses dans la lettre que vous m'avez montrée, que je n'entends pas assez bien. On doit, ce me semble, vouloir trouver en soi une certaine perfection de vertus, qui doit tenir lieu de tous les autres bienfaits : & l'on doit se consoler par-là des choses extérieures, que la Providence nous enleve : & une indolence qui nous rendroit indifférents touchant la perfection de la vertu, seroit blâmable. Il est vrai aussi, que si c'est l'amour-propre & non le desir de plaire à Dieu qui anime, ce n'est plus vertu : je crois encore que c'est le sentiment de M.... Je ne comprends pas non plus que, pour être pur dans la perfection, il faille la regarder en soi comme en autrui sans nulle satisfaction, que ce soit soi plutôt qu'un autre, à moins qu'on ne veuille parler de la complaisance de l'amour propre : car d'ailleurs, la vraie charité a pour regle d'aimer sa propre perfection, préférablement à celle d'autrui : il ne la faut pas regarder, comme Lucifer, par orgueil, mais pour en remercier Dieu, & pour tâcher de la conserver & l'augmenter autant qu'il se peut, selon cette parole : *Que celui qui est juste se justifie encore*. Il y a d'autres choses que je n'entends pas clairement. Pour venir à ce que vous m'avez marqué, je crois qu'on ne vient point à cette mort du Chrétien sans courage & sans pratiquer l'humilité du cœur & la simplicité, qui ne cherche que Dieu, & s'éloigne sans grimaces & sans hésitations de ce qui lui déplaît. Mais je suis bien persuadé qu'une paresse & une simple indolence & dépouillement de courage & de pratique seroit une passiveté, blâmable pour vous, & condamnable par les regles de l'Eglise. Voici une proposition condamnée par un Concile général de Vienne contre les *Beguins* & les *Beguines*, qui étoient des Illuminés : *C'est une imperfection de s'exercer dans les actes de vertu : & une ame parfaite doit s'éloigner des pratiques de vertu* : ces faux Illuminés établissoient qu'une ame pouvoit devenir si parfaite en cette vie, qu'elle étoit impeccable, & qu'elle ne pouvoit aller plus loin : ce qui n'appartient qu'à la perfection de l'autre vie. Il y a une différence totale entre le sens de Mr. de... & celui-ci : & je ne vous l'ai rapporté, qu'à l'occasion de cette perfection idéale qui consisteroit dans une mort entiere & sans imperfection, qui banniroit toute sensibilité, & qui anéantiroit entiérement la créature, & la rempliroit de Dieu sans effort de sa part & sans pratiques : c'est la perfection du Ciel : *Dieu sera toutes choses en tous*, comme dit St. Paul, sans que la créature y mette rien par son travail : elle recevra tout & fera dans une paffiveté heureufe : ce qui fera la récompenfe & le prix de fes travaux & de fes pratiques paffées. Ici-bas, nous devons mourir au péché, nous devons marcher dans une vie nouvelle ; les membres de notre corps ne doivent plus être des armes d'iniquité, & nous devons nous donner à Dieu comme vivants, de morts que nous étions, & lui conferver les membres de notre corps pour fervir à la juftice : il faut obéir du fond du cœur à la doctrine de J. C., à laquelle nous fommes livrés par la grace. Voilà ce que je lis dans le Nouveau Teftament, où il eft parlé à fond de la mort des Chrétiens : tout cela demande du courage & des pratiques folides de vertu. Si par petiteffe & par fimplicité, on entendoit quelque chofe qui donnât exclufion à cette inconteftable doctrine, je n'y foufcrirois jamais : je ne fais point ce que c'eft que cette défappropriation de dons de Dieu, petiteffe, & mort fans réferve, qu'une infinité de perfonnes pénitentes & vertueufes ne connoiffent pas plus que moi : mais, en tout cas, ces perfonnes pénitentes & vertueufes ne feroient pas privées de la lumiere néceffaire à leur falut, fi elles perféverent dans la pénitence &

dans la vertu : elles se garderont de se rien attribuer de la gloire de Dieu : elles continueront à être humble de cœur, & à mourir au péché sans réserve : elles tiendront à ce qu'il y a de plus pur par la perfection de leur état : mais elles comprendront que la perfection pure & sans défaut est pour l'autre vie : car Dieu y a mis une mesure. Il est vrai que comme nous ignorons cette mesure, & celle du progrès que nous faisons, nous avons tous les jours besoin de courage & d'attention pour avancer selon cette exhortation du St. Esprit. *que celui qui est Saint se sanctifie encore* : & notre mesure ne sera pleine qu'à la mort : car recevant tous les jours de nouvelles graces, nous y devons répondre tous les jours par une nouvelle reconnoissance : ainsi c'est un bien que nous ne connoissions pas toute l'étendue de notre mesure, afin que nous ne nous endormions jamais. Je suis persuadé, Madame, que mes sentiments sur cela sont les mêmes que ceux de M. de.... : & quoiqu'il voye plus que moi, je crois fermement ne pas penser autrement que lui. J'ai néanmoins pris occasion ici de vous instruire, comme mere d'une Communauté, sur un certain langage de dévotion mal entendue : & je crois que tout ceci vous peut servir en votre particulier. Dieu veuille vous accorder le grand don de persévérance !

LETTRE LXXVII.

LE temps passe, Madame, l'heure est venue d'être plus vigilante que vous n'avez encore été, parce que votre salut est plus proche de vous, que lorsque vous avez commmencé à croire : il ne suffit pas que vous ne vous laissiez pas aller aux petites fautes, il ne faut pas vous endormir dans les petites. Gardez-vous bien même de vous assoupir dans le chemin de la vertu ; la nuit est passée, le jour s'avance ; armez-vous des armes de justice pour vous défendre : vous aurez à combattre ; marchez avec courage, hâtez-vous, courez dans le chemin de la vertu, & revêtez-vous de J. C. Vous courrez ce mois avec J. C: humiliez-vous devant lui, d'être encore si lente & si peu avancée : voyez avec une sainte émulation toutes les Dames courageuses qui s'avancent au-devant de l'Epoux : quelque chemin que vous ayez déja fait, gémissez d'être encore plus paresseuse que vous ne voudriez ; dites à l'Epoux divin de votre ame qu'il vous attire plus fortement après lui pendant cet Avent, & que vous ferez de nouveaux efforts pour courir à l'odeur de ses parfums ; gémissez de vos fautes, mais ne vous découragez pas : Dieu est bon à ceux qui le cherche de tout leur cœur ; il achevera ce qu'il a commencé ; cet arbre qu'il a déja fait croître, qu'il a chargé de fruits, en portera de plus abondants & de plus parfaits : il faut chercher plus purement & plus véritablement que jamais à lui plaire en toutes choses : il faut étudier de plus en plus à faire toutes ses volontés, portant le fruit de toutes sortes de bonnes œuvres : votre mesure est grande, il faut la remplir ; travaillez, Madame ; gardez-vous du plus léger sommeil, bien plus encore de l'assoupissement de vos plus légeres fautes ; demandez aussi-tôt pardon, & que le soleil ne se couche pas sur vos amertumes, tristesses, découragements, immortifications, & autres infidélités de la journée ; n'oubliez jamais ces paroles de J. C., que je souhaite profondément gravées dans votre cœur : » Celui qui est fidele dans les petites choses, sera fidele dans les grandes ; & celui qui est infidele dans les petites, sera » infidele dans les grandes : veillez, car

» vous ne favez pas l'heure que le fils
» de l'Homme viendra ; vous devez vous
» y préparer fans relâche : " Les Juifs
attendoient le premier avénement de J. C.,
les Chrétiens attendent le fecond avec le
même empreffement. L'Eglife nous le repréfente aujourd'hui bien terrible pour
les pécheurs ; les avant-coureurs de ce
fouverain Juge feront fécher les hommes impies de frayeur : pour vous, qui
ferez, comme je l'efpere, du nombre des
élus de Dieu, vous leverez votre tête,
vous regarderez en-haut quand toutes ces
chofes arriveront, parce que vous verrez votre Rédempteur proche de vous.
Heureux le ferviteur que fon maître trouvera veillant ; je vous dis, en vérité, qu'il
le fera affeoir à fa table, & le fervira luimême des mêts les plus délicieux. Comment vivez-vous avec les Saints ? nous
en parlerons au premier voyage ; ne fuivez pas toutes leurs penfées, quand vous
y voyez de l'inconvénient & qu'ils y
font intéreffés, ou qu'ils agiffent par des
préjugés dont les plus faints font coupables ; mais hors les réflexions dont vous
avez befoin pour agir prudemment dans
ce qu'ils propofent, laiffez les foupçons
& les jugements incertains au tribunal de
Dieu, là vous trouverez la paix & la fû-

reté. Pour vous, si vous étiez amie du monde, le monde ne feroit pas des libelles contre vous. Le disciple n'est pas plus que le maître ; ne savez-vous pas ce qu'on disoit du vôtre ? on faisoit plusieurs discours de lui en secret parmi le peuple ; car les uns disoient : C'est un homme de bien ; non, mais il séduit le peuple. St. Jean, Chap. 6. Quelque chose qui vous arrive de contraire à vos projets, à votre desir même pour la perfection, ne vous découragez jamais, relevez-vous & allez votre chemin ; j'ai bien envie que rien ne vous arrête ; car vous devez beaucoup à Dieu, & il a de grands desseins sur vous. Le goût & le transport que vous sentez en lisant le Nouveau Testament, n'est pas une petite preuve de votre progrès dans la foi ; l'horreur que vous avez du péché anime ma confiance pour vous ; j'espere que vous ne tomberez jamais dans celui qui donne la mort, que vous ne demeurerez pas dans les autres, & surtout que vous ne vous y endormirez jamais. O le triste & dangereux assoupissement ! Soyez gaye, réjouissez-vous au Seigneur, je vous en conjure, épanchez votre cœur devant lui, tout ira bien, vous serez contente, Dieu tournera à sa gloire & à votre sanctification ce que vous croyez souvent perdu. L'humilité tire son profit des fautes mêmes, à plus forte raison des épreuves; il peut naître en vous plus parfaitement que jamais. Je ne change point en vous les jours de Communion qui vous ont été permis les *années précédentes*; mangez le pain des forts, & croissez. Consolez-vous, Madame; Dieu vous aime, & je suis assuré que vous l'aimez; tout tourne enfin au profit de ceux qui aiment Dieu : défendez bien cette haute partie de l'ame, où il a établi sa demeure; quoique vous soyez affligée de tous côtés au-dehors, & que la partie foible succombe à la tristesse & à la douleur, la forte en Dieu & où vous lui êtes fidele, sera inaccessible à l'ennemi, tant que vous ne lui en ouvrirez pas volontairement les portes. Cette pointe de l'esprit où réside la liberté, peut résister à la grace, à toutes les foiblesses de la chair, à toutes les attaques du monde, & à tous les efforts de l'Enfer, parce que, comme dit St. Jean : *celui qui est*, vous *est plus grand que ce qui est dans le monde* : ce qui fait dire à ce grand Apôtre : *Mes bien-aimés, si notre Créateur ne nous condamne point, nous avons de l'assurance devant Dieu, & quoique nous lui demandions, nous le recevrons* de lui, parce que nous observons ses Commandemens & que nous faisons ce qui lui est agréable : voilà une source intarissable de consolation & de confiance pour les justes, parce que quoiqu'ils tombent souvent, comme dit le Concile de Trente, dans des fautes légeres, quotidiennes, & qu'on appelle vénielles, Dieu néanmoins ne les abandonne jamais, s'ils ne s'abandonnent eux-mêmes les premiers ; ce qui n'arrivera que par la transgression mortelle de ces Commandemens. Ayez donc, Madame, un grand soin d'assurer le choix que Dieu a fait de vous par vos œuvres: c'est par la grace que vous deviendrez impeccable & inaccessible à vos ennemis ; je parle de ces péchés qui séparent de Dieu & qui livrent l'ame à la captivité du Démon. Quand vous êtes tristé, tâchez de vous consoler par les bonnes œuvres, par l'espérance, la patience, les fréquentes élévations de votre cœur à Dieu, celui qui vous soutient par les bonnes actions de votre état en soutenant les affligés par les vûes de la Religion ; & profitant de ce temps pour semer le bon grain, qui doit fructifier dans la suite au centuple.

LETTRE LXXVIII.

JE vais vous offrir à Dieu, Madame, sous la protection de la sainte Vierge ; je lui demanderai qu'elle soit votre Avocate auprès de son fils, maintenant & à l'heure de votre mort : faites votre provision pour votre voyage ; demandez tout ce qui vous est nécessaire ; on obtient des graces dans les jours solemnels, où l'on célebre la naissance des Grands ; cela est plus vrai & plus facile dans le Royaume de Dieu, que dans le Royaume du monde. J'ai une très-grande confiance que Dieu qui a commencé en vous son ouvrage, l'achevera & vous donnera le vouloir & le faire jusqu'à la fin ; car quand il a justifié une fois les siens, il ne les abandonne jamais ; à moins qu'il ne soit abandonné d'eux. Il faut que vous soyez plus humble, plus charitable, plus patiente & plus unie à Dieu par le fond de votre volonté & de votre cœur, que vous ne l'avez encore été : car quel est, Madame, votre appui, votre espoir, votre consolation, votre desir principal dans la vie ? n'est-ce pas Dieu, le Dieu de

votre cœur ? celui qui sera votre partage pour toujours ? où pouvez-vous être bien sans lui ? où pouvez-vous être mal avec lui ? Il est à St. Cyr au milieu de ses Epouses, avec une bonté particuliere : mais à la Cour, à Fontainebleau & en tous lieux, plein de miséricorde, sans bornes pour ceux qui l'aiment de tout leur cœur : ce qui vous reste de vie, Madame, doit être tout à lui, il aura soin de votre mort. Un grand serviteur de Dieu, que vous connoissez bien, disoit à Dieu ? » Quand
» je jette les yeux hors de vous, je n'y
» découvre rien de solide & de ferme,
» je n'y vois ni amitié qui me puisse
» servir, ni puissance capable de me sou-
» tenir, ni conseil qui me puisse aider :
» je n'y trouve ni livre ni discours, qui
» me consolent véritablement, ni or ni
» argent qui me délivrent de mes peines,
» ni retraite qui m'assure & me défen-
» de ; il faut que vous-même, mon Dieu,
» daigniez me secourir, comme étant le
» seul qui puissiez me consoler, m'instrui-
» re & me défendre. " Dieu vous traite, Madame, comme il fait ses élus, en vous faisant participante de sa Croix au milieu des délices de la Cour : j'espere aussi qu'il multipliera ses divines consolations au fond de votre cœur, à mesure qu'il vous

envoye des souffrances. Vous voyez aussi, Madame, combien on a raison de vous épargner les austérités, puisque Dieu vous marque lui-même l'exercice par lequel il vous veut purifier. Je voudrois, Madame, partager avec vous vos douleurs pour vous en soulager. Je vous conjure de ne pas augmenter votre mal par votre travail, ou par vouloir tout faire comme en santé. Je ne cesserai, Madame, de prier pour vous.

LETTRE LXXIX.

JE prie pour vous, Madame, sans discontinuation : votre état est si pénible, que je sens le besoin que vous avez d'être fortifiée de la grace. Dieu vous traite, Madame, comme ses élus & ses amis, parce que vous êtes agréable à Dieu : il a fallu que la tentation vous éprouve, disoit l'Ange à Tobie ; il y a long-temps qu'on vous l'a prédit ; vous vous y êtes attendue & préparée. Les grandes afflictions ôtent la parole, mais la vôtre vient de charité ; la charité sanctifie le silence & l'accablement où elle jette. *Je suis*, disoit, David, *comme une bête devant vous* ; *mais je suis toujours avec vous.* Il y a une stupidité qui approche de Dieu, il y en a une qui en éloigne : la vôtre est de la premiere classe ; vous ne pouvez parler beaucoup, mais vous souffrez beaucoup, & vous souffrez parce que vous aimez Dieu ; c'est le principe, le motif & la fin de votre souffrance. Tâchez, Madame, de profiter des moments de Dieu, pour la paix ; notre prospérité faisoit des jaloux, & auroit peut-être continué long-temps une guerre triste & funeste : Dieu peut-être veut nous donner la paix dans notre adversité ; nous gagnerons beaucoup plus que nous ne pensons par cette conduite de Dieu. La guerre n'est tolérable que pour obtenir la paix, & la paix est un si grand bien, qu'elle dédommage de tout le reste : quand je parle ainsi, Madame, je le fais sans voir & sans savoir actuellement ce qui est praticable : que ne voudrois-je pas faire pour vous soulager ! vous êtes chere à l'Etat, à l'Eglise & à Dieu : il vous soutiendra, il vous consolera : & quand vous marcheriez dans les ombres de la mort, vous ne devez jamais succomber à la crainte, parce que Dieu est avec vous. Je le prie de tout mon cœur qu'il vous fasse faire du progrès par l'affliction où il vous met, &

qu'il vous rende lui-même propre à le glorifier devant les Rois & les Princes de la terre.

LETTRE LXXX.

J'Apprends, Madame, que votre santé est bonne ; ce qui me donne une singuliere joie au milieu de nos afflictions. Nous avons besoin que Dieu nous soutienne pour soutenir les peines générales dont nous sommes environnés : je prie Dieu sans cesse pour vous, Madame ; je fais des vœux du meilleur de mon cœur, qu'il répande son onction céleste dans votre ame, afin que vous portiez courageusement ces tribulations du Roi & de l'Etat : notre sagesse est bien courte dans les accidents & les adversités : si Dieu qui abaisse & qui releve quand il lui plaît, ne nous secouroit particuliérement, notre politique seroit à bout ; & pour parler le langage des Anges, la prudence des prudents seroit engloutie dans les flots de notre tribulation : mais il faut, Madame, espérer au Seigneur, qui soutient, & non en la créature qui tombe, & jetter souvent les yeux vers ce Royaume inébranlable qui demeure, &

ne vous point attacher à celui qui passe : *O sainte Sion!* dit St. Augustin, *où tout subsiste & rien ne change!* Voilà, Madame, ce que votre place demande, pour consoler les affligés & consoler les politiques, en leur apprenant, si vous pouvez, de ne pas tenter Dieu, à espérer en lui, à faire ce que la nécessité requiert, & non ce que l'orgueil & la précipitation suggere. Consolez-vous vous-même, Madame, des afflictions qui naissent des parties basses de la terre, & du mauvais état des affaires publiques, par les vues de la foi : c'est principalement dans l'adversité que le juste doit vivre de la foi. Sur-tout, Madame, bannissez les autres sujets qui pourroient vous attrister ; n'y pensez point du tout, quelque raison que vous croyiez avoir de vous en occuper, de peur de vous accabler : faites-en distraction, amusez les autres dans les momens destinés à cela ; car une abondante tristesse seroit une abondante tentation pour vous, il faut l'éviter.

LETTRE LXXXI.

J'Apprends, Madame, la perte que nous faisons; j'en suis pénétré par l'affliction que Sa Majesté en ressent, & par celle que vous souffrez: votre cœur plus sensible qu'aucun autre, partage avec la famille Royale cette douleur. Je prie Dieu, Madame, qu'il vous soutienne en tout; c'est un bon pere, & il doit faire en tout temps votre consolation; peut-être a-t-il prévu que ce Prince se perdroit avec une grande multitude, & il l'a ravi dans son innocence, de peur que la malice du siecle ne le corrompît; peut-être Dieu veut-il nous faire un plus grand présent, après que nous aurons témoigné notre soumission. Il nous avoit donné ce jeune Prince, il est le maître, son saint Nom soit béni à jamais. C'est un bonheur infini pour cette ame innocente qui s'envole au Ciel; c'est un Ange qui va bénir Dieu éternellement, d'avoir reçu une couronne immortelle; il priera pour le Roi son grand-pere, & du lieu de la souveraine paix, il attirera sur nous celle que nous attendons. O profondeur des conseils & de la sagesse immense du grand Dieu qui nous conduit ! que ſes voies ſont impénétrables ! un ſeul de nos cheveux ne tombe pas ſans ſon ordre ; il veut que nous ſortions de notre fauſſe & trompeuſe ſageſſe, pour nous abandonner pleinement à ſes ordres : ſes voies ſont juſtes, ſages, véritables, pleines de bonté & de miſéricorde, pour ceux qui l'aiment ; aimons-le donc, & le laiſſons faire ; prions-le d'oublier nos péchés & d'agir avec nous ſelon les ſentiments de ſa charité immenſe & inépuiſable.

EXTRAIT (1) *des redditions de comptes de Mad. de Maintenon.*

.... ſur ce que je fais pour vous. Il faut pourtant, ô mon Dieu ! que je vous réponde, & aux graces qu'il faut encore que vous me faſſiez. Soyez béni de celle que vous m'avez faite à pareil

---

(1) Voilà les ſeuls reſtes des redditions de Me. de Maintenon : on les a encore écrits de ſa main ſur un papier à demi-brûlé. Cependant il reſte encore des lettres de Me. de Maintenon à M. de Chartres ; & l'on eſpere les recouvrer. M. de Mérinville en fit un jour la lecture au Roi à Rambouillet.

jour qu'aujourd'hui ! mais, mon Dieu, qu'elle ne soit pas pour ma seule satisfaction, & qu'il vous en revienne de la gloire pour ma sanctification !............

Qu'il y a long-temps que je ne vous ai entretenu, ô mon Dieu ! & que j'ai de pardons à vous demander de la maniere dont j'ai passé les quinze jours de maladie que je viens d'avoir ! Je pouvois tirer plus d'avantage de mes souffrances : & quelque médiocres qu'elles ayent été, votre bonté m'auroit compté ma résignation à les souffrir. Cependant vous m'avez fait la grace de ne me pas impatienter : j'ai souffert, & j'en ai été bien-aise dans des moments : je n'ai pas même formé un desir pour ma guérison : j'ai aimé mon mal, & toutes les circonstances qui l'ont accompagné. J'ai eu beaucoup de soumission & d'indifférence pour les remedes, ne mettant ma confiance qu'en vous seul : ce que j'y ai mis de mon fond, c'est une grande lâcheté, qui m'a fait succomber aux petits maux que vous m'envoyiez, un grand abandon de toutes prieres, me contentant des sentiments de résignation où je me trouvois : beaucoup d'amour-propre qui m'a fait rechercher tous les soulagements possibles, une grande complaisance dans les louanges que la flatterie inventoit pour me plaire, beaucoup d'ingratitude & d'aigreur pour les soins dont on m'a accablée, beaucoup de mépris pour mon prochain. Ah! mon Dieu, que de mal pour un peu de bien!.... Recevez-moi, Seigneur : animez mon esprit & mon cœur, en fortifiant mon corps. Si vous me rendez la santé, que ce soit, ô mon Dieu! pour vous servir avec plus de ferveur que jusqu'à cette heure : & si votre volonté me destine à la souffrance & à la langueur, faites que mon ame, se détachant de la matiere, s'éleve vers vous avec plus de liberté...........

Vous me faites souffrir, ô mon Dieu! & vous m'envoyez un échantillon de cette pénitence que je vous demande tous les jours. Hélas! Seigneur, la maniere dont je la souffre me fait bien voir que ce n'est pas sincérement que je la demande.... Quelle tristesse m'accable pour des maux très-légers! quel abandon des exercices de piété que j'avois entrepris! quel oubli de votre sainte présence! quel découragement! quelle impatience! Ah! mon Dieu, ayez pitié de moi : mon état est déplorable........

Pourquoi êtes vous triste, ô mon ame! & pourquoi vous troublez-vous? espérez en Dieu, & consolez-vous, parce qu'il vous est encore permis dans votre douleur de le bénir, & de lui rendre la gloire qui lui est due : il est mon Sauveur & mon Dieu........

Lorsque j'étois affligée, j'ai élevé ma voix au Seigneur, & il m'a exaucée. Seigneur, soulagez mon ame......

O mon Dieu ! est-il quelque chose dans le Ciel & sur la Terre, que je puisse desirer ? Vous êtes le Dieu de mon cœur, & mon partage pour toujours......

O mon ame ! le Seigneur te suffira lui seul dans l'éternité : qu'il te suffise dans le temps !........

Ne souffrez pas, mon Dieu, que j'aye ici-bas d'autre plaisir que de vous posséder, d'autre regret que de vous perdre.....

La terre est le séjour des privations : quand serai-je dans le pays du repos & de la joie ?........

Quand on n'aime que Dieu, on ne doit être affligé que de lui déplaire : & sa volonté doit faire toute notre joie au milieu de toutes nos peines.

Béni soit Dieu, Pere de toute consolation, qui adoucit en moi toutes les amertumes de cette vie, & qui tourne en bien tous mes maux ?

La vertu se perfectionne dans l'infirmité, & la force augmente par la foiblesse.

Je me glorifierai de mes infirmités, afin que la vertu de J. C. demeure en moi.

Plus le corps s'affoiblit, plus l'esprit de grace doit se fortifier en nous.

Dans le Christianisme, l'important n'est pas de beaucoup agir, mais de beaucoup aimer.

On aime beaucoup Dieu, quand on cesse de s'aimer soi-même : & l'on cesse de s'aimer soi-même, lorsque se sentant affoiblir & comme détruire, on consent de bon cœur à sa propre destruction pour l'amour de Dieu.

J'étois autrefois trop vive : il est bon d'être à présent amortie & comme mourante.

LETTRE (1) *de M. de Mérinville.*

A Chartres, ce 1 Octobre 1709.

JE n'avois jamais éprouvé une douleur pareille à celle que j'ai ressentie pendant la maladie de M. de Chartres, & à sa mort : aussi n'y a-t-il rien de comparable

---

(1) Je supprime de ce [recueil] l'importante lettre de M. l'Evêque de C[hart]res au Roi, parce qu'elle est imprimée dans le Tome VI, p. 8x des *Mémoires*. Qu'on ne doute point de son authenticité. J'ai vu de mes yeux l'original écrit & signé par M. l'Evêque de Chartres : quelques ratures, mais point de mots substitués au-dessus des mots rayés ; au dos, ceux-ci de la main de Me. de Maintenon : *Lettre très-secrete de M. l'Evêque de Chartres* : point de date, mais elle est sûrement de la fin de l'année 1697, après la paix de Riswick. Mlle. d'Aumale en parle dans ses Mémoires ; mais elle dit qu'on n'a pas voulu la lui montrer. On tient la copie donnée au public d'un Ecclésiastique qui a été attaché à feu M. de Mérinville, Evêque de Chartres, neveu & successeur de M. Desmarais. Les Dames de St. Louis peuvent produire l'original : elles l'ont eu de M. de Mérinville, qui leur donna cette piece cachetée de ses armes, vingt ans après la mort de Me. de Maintenon, à condition qu'elles ne l'ouvriroient qu'après la sienne. Cependant il écrivoit à Me. de Maintenon :

rable à la perte que je fais : je l'aurois suivi de près si sa maladie eût été plus longue : j'en avois absolument perdu le sommeil & l'appétit, tant ma douleur a été vive & continuelle, sans me donner aucun relâche. Je voulois toujours le voir dans sa maladie, & on m'en empêchoit les derniers jours de sa maladie, parce

---

Maintenon : *Ne soyez point en peine, Madame, j'ai brûlé tous les papiers qui vous regardoient, que j'ai trouvés dans le cabinet de* M. l'Evêque de Chartres. Mais comment cette lettre adressée à Louis XIV, a-t-elle pu se trouver dans ces papiers ? Vraisemblablement l'Evêque l'a remit à Mad. de Maintenon, soit pour l'examiner, soit pour la donner au Roi : & Mad. de Maintenon trouva bon de la supprimer, à cause des louanges que le Roi auroit pu croire concertées entre elle & son Directeur. Peut-être aussi n'est-ce qu'un brouillon, comme les ratures & le manque de date semblent le dire. Les Secrétaires du Cabinet peuvent voir dans les papiers de Louis XIV, si cette lettre est arrivée à son adresse. Ceux qui croiroient qu'elle est l'effet d'un concert entre M. Desmarais, Me. de Maintenon, & M. de Mérinville, formeroient un soupçon, moins vraisemblable que malin. Car en ce cas, cette piece étoit destinée, ou à tromper, ou à instruire la postérité : mais comment accorder le dessein de tromper avec l'apostille de Mad. de Maintenon qui l'auroit trahie ? & le dessein d'instruire, avec cette fureur d'anéantir tout ce qui auroit prouvé plus simplement son état ?

Tome IX.

que je ne pouvois approcher de son lit sans fondre en larmes. Je suis bien résigné aux volontés du Seigneur, qui est le maître, & dont j'adorerai toujours la Providence. On a grand besoin dans ces fâcheux accidents que les sentimens de Religion & l'espérance d'une vie future bienheureuse viennent au secours de ceux de notre nature qui sont accablants. Si je pouvois, Madame, m'imaginer une personne aussi dévouée aux Dames de St. Cyr que je le suis, je lui céderois volontiers la place que j'occupe : car c'est ce qui m'y attache le plus fortement, & le desir aussi de maintenir le bien que M. de Chartres a commencé dans ce Diocèse : sans parler d'une passion très-grande que je me sens d'édifier l'Eglise, & de procurer la gloire de Dieu même à mes dépens, & par mes exemples; enfin à quelque prix que ce puisse être, pour n'avoir rien à me reprocher à ce passage terrible qu'il me faudra faire tôt ou tard; ce qui ne peut pas être fort éloigné.

L'on fera demain les obseques de M. de Chartres, & après demain on fera le service. Je partirai d'abord qu'il sera fait pour vous aller rendre compte, Madame, des circonstances de la maladie de M. de Chartres, & de celles de sa mort.

J'efpere être encore à temps de rendre mes devoirs à Mgr. l'Archevêque de Rouen, que je regarderai dorénavant comme mon pere. J'apporterai le cœur de feu M. de Chartres pour le placer à l'endroit que vous jugerez, Madame, convenir davantage.

Je ne doute pas, Madame, qu'on ne s'empreffe à me donner bien des confeils. Je fuivrai aveuglément, Madame, ceux dont il vous plaira de m'honorer, & j'aurai recours auffi à Dieu par la priere, pour laquelle j'ai un très-grand attrait. M. de Chartres m'a laiffé, Madame, des grands-Vicaires, qui font le Confeil le plus fage qu'un Evêque de France puiffe avoir. Ils veulent bien continuer de m'aider. Je ne trouverai pas de grandes difficultés à furmonter en prenant les mêmes maximes de Gouvernement qu'avoit feu M. de Chartres, & en ne faifant aucuns changements, ainfi que je fuis bien réfolu.

Je n'ai pas douté, Madame, un feul moment de la continuation de vos bontés à mon égard dont vous honoriez feu M. de Chartres. Je crois auffi, Madame, que vous ne doutez pas de mon zele à fuivre en tout vos faintes intentions.

Fin du neuvieme & dernier Tome.